Middelhavets Smagsoplevelser
En Kulinarisk Rejse gennem Solens Lande

Anne Nielsen

Indhold

aborre i lommen 9

Cremet røget laksepasta 11

Slow Cooker græsk kylling 13

kylling gyro 15

Kyllingekasse i slowcookeren 17

Græsk kalkunsteg 20

Hvidløg kylling couscous 22

karahi kylling 24

Kylling Cacciatore med Orzo 26

Langsomt kogt provencalsk Daube 28

Bucco bjørn 30

Slow Cooker Beef Bourguignon 32

Balsamico kalvekød 35

Roastbeef 37

Ris og middelhavspølse 39

spanske frikadeller 40

Blomkålsbøf med oliven og citrussauce 42

Pasta med pistacie og myntepesto 44

Angel hair pasta med cherry tomatsauce 46

Stegt tofu med soltørrede tomater og artiskokker 48

Bagt middelhavstempeh med tomater og hvidløg 50

Ristede portobellosvampe med grønkål og rødløg 53

Zucchini fyldt med ricotta, basilikum og pistacienødder 57

Farro med stegte tomater og svampe 59

Braiseret orzo med aubergine, mangold og mozzarella 62

Bygrisotto med tomater 64

Kikærter og kål med spicy Pomodoro sauce 66

Bagt fetaost med kål og citronyoghurt 68

Stegt aubergine og kikærter med tomatsauce 70

Stegt falafel skydere 72

Portobello Caprese 74

Tomater fyldt med champignon og ost 76

Grupper efter 78

Krydret broccoli og artiskokhjerter 80

shakshuka 82

spanakopita 84

tagine 86

Citrus jordnødder og asparges 88

Aubergine fyldt med tomater og persille 90

ratatouille 92

gemist 94

Fyldte kålruller 96

Balsamico glaseret rosenkål 98

Spinatsalat med citrussauce 100

Simpel selleri og appelsinsalat 101

stegt auberginerulle 103

Grillede grøntsager og skål med brune ris 105

Blomkål med hakkede gulerødder 107

Zucchini tern med hvidløg og mynte 108

Zucchini- og artiskokfad med faro 109

5 ingredienser til zucchini-dej 111

Marokkansk tagine med grøntsager 113

Kikærte- og sellerisalatdressing 115

Grillede grøntsagsspyd 116

Fyldte Portobello-svampe med tomater 118

Visne mælkebøtteblade med søde løg 120

Selleri og sennepsgrønt 121

Røræg med grøntsager og tofu 122

simple zoodles 124

Linser og tomatspire wraps 125

Middelhavs grøntsagstallerken 127

Ristede grøntsager og hummus wrap 129

spanske grønne bønner 131

Rustik kogt blomkål og gulerødder 131

Brændt blomkål og tomater 132

Ristet Acorn Squash 135

Brændt spinat med hvidløg 137

Brændt zucchini med hvidløgsmynte 138

dampet okra 138

Søde grøntsagsfyldte peberfrugter 139

Aubergine Moussaka 142

Fyldte drueblade med grøntsager 144

ristet auberginerulle 146

Sprødt zucchini wienerbrød 148

ostespinatkage 150

agurkebid 152

yoghurt sauce 153

tomat bruschetta 154

Tomater fyldt med oliven og ost 156

peber tape 157

koriander falafel 158

rød peberhummus 160

hvid bønnesauce 161

Hummus med hakket lammekød 162

aubergine sauce 163

stegte grøntsager 164

Lammefrikadeller med bulgur 166

agurkebid 168

fyldt avocado 169

emballerede blommer 170

Marineret fetaost og artiskokker 171

tun kroketter 172

røget laks hamdite 175

Oliven marineret med citrus 176

Oliven Tapenade ansjos 177

Græske djævleæg 179

La Mancha kiks 181

Burrata Caprese stak 183

Ristet Zucchini Ricotta med Citron Hvidløg Aioli 185

Agurk fyldt med laks 187

Gedeost og makrelpasta 189

Smagen af middelhavsfedtbomber 191

Avocado Gazpacho 192

krabbekage salat kopper 194

Estragon orange kylling salat emballage 196

Svampe fyldt med fetaost og quinoa 198

5-ingrediens falafel med hvidløg yoghurt sauce 200

Citronrejer med hvidløg og olivenolie 202

Sprøde grønne bønner med citronyoghurtsauce 204

Hjemmelavede havsalt pita chips 206

Stegt Spanakopita Sauce 207

Ristet perleløgsauce 209

Tapenade med rød peber 211

Græsk kartoffelskorpe med oliven og fetaost 213

Pitabrød med artiskok og oliven 215

aborre i lommen

Forberedelsestid: 10 minutter.

Spisetid: 25 minutter

Portioner: 4

Sværhedsgrad: medium

Indhold:

- 4 havaborrefileter
- 4 fed hvidløg, skåret i skiver
- 1 skåret selleri stilk
- 1 skåret zucchini
- 1 C cherrytomater halveret
- 1 skalotteløg, skåret i skiver
- 1 tsk tørret timian
- salt peber

Titler:

Bland hvidløg, selleri, zucchini, tomat, grønt løg og timian i en skål. Tilsæt salt og peber efter smag. Tag 4 stykker bagepapir og læg dem på arbejdsfladen. Læg grøntsagsblandingen i midten af hvert blad.

Læg fiskefileter ovenpå og pak papiret tæt ind, så det ligner en lomme. Læg den indpakkede fisk på en bageplade og bag i en forvarmet 350 F / 176 C ovn i 15 minutter. Fisken serveres varm og frisk.

Ernæring (pr. 100 gram): 149 kalorier 2,8 g fedt 5,2 g kulhydrater 25,2 g protein 696 mg natrium

Cremet røget laksepasta

Forberedelsestid: 5 minutter.

Spisetid: 35 minutter

Portioner: 4

Sværhedsgrad: medium

Indhold:

- 2 spsk olivenolie
- 2 fed hvidløg, finthakket
- 1 hakket skalotteløg
- 4 oz. eller 113g hakket røget laks
- 1 C grønne ærter
- 1 C tyk creme
- salt peber
- 1 knivspids peberflager
- 8 oz. eller 230 g pennepasta
- 6c. Det her

Titler:

Stil gryden over medium-høj varme og tilsæt olie. Tilsæt hvidløg og skalotteløg. Kog i 5 minutter eller indtil de er møre. Tilsæt ærter, salt, sort peber og chilipeber. Kog i 10 minutter.

Tilsæt laksen og kog i yderligere 5-7 minutter. Tilsæt fløden, reducer varmen og kog i yderligere 5 minutter.

Sæt imens en pande over høj varme med vand og salt efter din smag.Når det koger tilsættes penne-pastaen og kog i 8-10 minutter eller indtil det er blødt. Dræn pastaen, tilsæt laksesaucen og server.

Ernæring (pr. 100 gram):393 kalorier 20,8 g fedt 38 g kulhydrater 3 g protein 836 mg natrium

Slow Cooker græsk kylling

Forberedelsestid: 20 minutter.

Tilberedningstid: 3 timer.

Portioner: 4

Sværhedsgrad: medium

Indhold:

- 1 spsk ekstra jomfru olivenolie
- 2 kilo udbenet kyllingebryst
- ½ tsk kosher salt
- ¼ tsk sort peber
- 1 krukke (12 ounce) ristede røde peberfrugter
- 1 kop Kalamata oliven
- 1 mellemstor rødløg, hakket
- 3 spsk rødvinseddike
- 1 spsk hakket hvidløg
- 1 tsk honning
- 1 tsk tørret timian
- 1 tsk tørret timian
- ½ kop hvid ost (valgfrit, til servering)
- Hakkede friske krydderurter – enhver blanding af basilikum, persille eller timian (valgfrit, til servering)

Titler:

Beklæd slowcookeren med madlavningsspray eller olivenolie. Varm olivenolien op i en stor pande. Krydr kyllingebrystene på begge sider. Når olien er varm tilsættes kyllingebrystene og steges på begge sider (ca. 3 minutter).

Når det er kogt, overføres det til slow cookeren. Tilsæt rød peberfrugt, oliven og rødløg til kyllingebrystene. Prøv at placere grøntsager rundt om kyllingen i stedet for oven på den.

I en lille skål blandes eddike, hvidløg, honning, timian og timian. Når det er blandet, hældes det over kyllingen. Bag kyllingen i 3 timer eller indtil midten ikke længere er lyserød. Server med smuldret fetaost og friske krydderurter.

Ernæring (pr. 100 gram): 399 kalorier 17 g fedt 12 g kulhydrat 50 g protein 793 mg natrium

kylling gyro

Forberedelsestid: 10 minutter.

Tilberedningstid: 4 timer.

Portioner: 4

Sværhedsgrad: medium

Indhold:

- £2. udbenet kyllingebryst eller kyllingefilet
- citronsaft
- 3 fed hvidløg
- 2 tsk rødvinseddike
- 2-3 spsk olivenolie
- ½ kop græsk yoghurt
- 2 tsk tørret timian
- 2-4 tsk græsk krydderi
- ½ lille rødløg, finthakket
- 2 spsk dild
- Tzatziki sauce
- 1 kop naturlig græsk yoghurt
- 1 spsk dild
- 1 lille engelsk agurk, hakket
- en knivspids salt og peber
- 1 tsk løgpulver
- <u>For ovenstående:</u>

- Tomater
- hakket agurk
- hakket rødløg
- revet hvid ost
- smuldret pitabrød

Titler:

Skær kyllingebrystet i tern og kom dem i slowcookeren. Tilsæt citronsaft, hvidløg, eddike, olivenolie, græsk yoghurt, oregano, græsk krydderier, rødløg og dild til slow cookeren og rør det godt sammen.

Kog i 5-6 timer ved lav varme og 2-3 timer ved høj varme. Tilsæt imens alle ingredienserne til tzatzikisaucen og bland. Efter at have blandet godt, opbevares det i køleskabet, indtil kyllingen bliver blød.

Når kyllingen er kogt, serveres med pitabrød og en eller flere af ingredienserne nævnt ovenfor.

Ernæring (pr. 100 gram): 317 kalorier 7,4 g fedt 36,1 g kulhydrater 28,6 g protein 476 mg natrium

Kyllingekasse i slowcookeren

Forberedelsestid: 10 minutter.

Spisetid: 20 minutter

Portioner: 16

Sværhedsgrad: medium

Indhold:

- 1 kop udblødte tørre marinebønner
- 8 skindløse, udbenede kyllingelår
- 1 polsk pølse, kogt og skåret i tern (valgfrit)
- 1¼ kop tomatjuice
- 1 dåse (28 oz.) tomater, halveret
- 1 spsk Worcestershire sauce
- 1 tsk forberedt oksekød eller kylling bouillon granulat
- ½ tsk tørret basilikum
- ½ tsk tørret timian
- ½ tsk rød peber
- ½ kop hakket selleri
- ½ kop hakkede gulerødder
- ½ kop hakket løg

Titler:

Beklæd slowcookeren med olivenolie eller nonstick-spray. I en skål røres tomatjuice, tomater, Worcestershire sauce, bouillon, basilikum, oregano og paprika sammen. Sørg for, at ingredienserne er blandet godt.

Læg kylling og pølse i slow cooker og hæld tomatjuiceblandingen i. Læg selleri, gulerødder og løg ovenpå. Kog ved svag varme i 10-12 timer.

Ernæring (pr. 100 gram): 244 kalorier 7g fedt 25g kulhydrater 21g

Kylling Provence i Slow Cooker

Forberedelsestid: 5 minutter.

Tilberedningstid: 8 timer.

Portioner: 4

Sværhedsgrad: Let

Indhold:

- 4 udbenede, skindfrie kyllingebrysthalvdele (6 ounce)
- 2 tsk tørret basilikum
- 1 tsk tørret timian
- 1/8 tsk salt
- 1/8 tsk friskkværnet sort peber
- 1 gul peberfrugt, hakket
- 1 rød peberfrugt, hakket
- 1 dåse (15,5 oz) cannellini bønner
- 1 dåse (14,5 oz) babytomater med basilikum, hvidløg og oregano, drænet

Titler:

Pensl slow cookeren med nonstick olivenolie. Kom alle ingredienser i slowcookeren og rør rundt. Kog ved svag varme i 8 timer.

Ernæring (pr. 100 gram): 304 kalorier 4,5 g fedt 27,3 g kulhydrater 39,4 g protein 639 mg natrium

Græsk kalkunsteg

Forberedelsestid: 20 minutter.

Spisetid: 7:30

Portioner: 8

Sværhedsgrad: medium

Indhold:

- 1 (4-pund) udbenet kalkunbryst, skåret i skiver
- ½ kop hønsebouillon, delt
- 2 spsk frisk citronsaft
- 2 kopper hakket løg
- ½ kop udstenede Kalamata-oliven
- ½ kop oliefyldte soltørrede tomater, skåret i tynde skiver
- 1 tsk græsk krydderi
- ½ tsk salt
- ¼ tsk friskkværnet sort peber
- 3 spiseskefulde universalmel (eller fuldkornshvede).

Titler:

Beklæd slowcookeren med nonstick-spray eller olivenolie. Tilsæt kalkun, ¼ kop kyllingebouillon, citronsaft, løg, oliven, soltørrede tomater, græsk krydderier, salt og peber til slow cookeren.

Kog ved svag varme i 7 timer. Hæld melet i den resterende ¼ kop kyllingebouillon, og rør derefter forsigtigt i slow cookeren. Bages i yderligere 30 minutter.

Ernæring (pr. 100 gram): 341 kalorier 19 g fedt 12 g kulhydrater 36,4 g protein 639 mg natrium

Hvidløg kylling couscous

Forberedelsestid: 25 minutter.

Tilberedningstid: 7 timer.

Portioner: 4

Sværhedsgrad: medium

Indhold:

- 1 hel kylling, hakket
- 1 spsk ekstra jomfru olivenolie
- 6 fed hvidløg, halveret
- 1 glas tør hvidvin
- 1 glas couscous
- ½ tsk salt
- ½ tsk peber
- 1 mellemstor løg, skåret i tynde skiver
- 2 tsk tørret timian
- 1/3 kop fuldkornshvedemel

Titler:

Varm olivenolien op i en tyk pande. Når panden bliver varm tilsættes kyllingen og steges. Pas på, at kyllingestykkerne ikke rører hinanden. Steg med skindsiden nedad i cirka 3 minutter eller indtil de er gyldenbrune.

Beklæd din slow cooker med nonstick madlavningsspray eller olivenolie. Læg løg, hvidløg og timian i slowcookeren og drys med salt og peber. Tilsæt kyllingen på løgene.

I en separat skål blandes melet med vinen, indtil det er glat, og hældes derefter over kyllingen. Bages i 7 timer eller indtil færdig. Du kan koge den ved høj varme i 3 timer. Server kyllingen over den kogte couscous, og hæld derefter saucen over.

Ernæring (pr. 100 gram):440 kalorier 17,5 g fedt 14 g kulhydrater 35,8 g protein 674 mg natrium

karahi kylling

Forberedelsestid: 5 minutter.

Tilberedningstid: 5 timer.

Portioner: 4

Sværhedsgrad: Let

Indhold:

- £2. kyllingebryst eller lår
- ¼ kop olivenolie
- 1 lille dåse tomatpure
- 1 spsk smør
- 1 stort løg, hakket
- ½ kop naturlig græsk yoghurt
- ½ glas vand
- 2 spsk ingefær hvidløgspasta
- 3 spiseskefulde bukkehornsblade
- 1 tsk stødt koriander
- 1 mellemstor tomat
- 1 tsk rød peber
- 2 grønne peberfrugter
- 1 tsk gurkemeje
- 1 spsk garam masala
- 1 tsk spidskommen pulver
- 1 tsk havsalt
- ¼ tsk kokos

Titler:

Beklæd slowcookeren med nonstick-spray. Bland alle krydderierne godt sammen i en lille skål. Tilføj kyllingen til slow cookeren, og tilsæt derefter de resterende ingredienser, inklusive krydderiblandingen. Rør til alt er godt blandet med krydderierne.

Kog ved svag varme i 4-5 timer. Server med naan eller italiensk brød.

Ernæring (pr. 100 gram): 345 kalorier 9,9 g fedt 10 g kulhydrater 53,7 g protein 715 mg natrium

Kylling Cacciatore med Orzo

Forberedelsestid: 20 minutter.

Tilberedningstid: 4 timer.

Portioner: 6

Sværhedsgrad: Let

Indhold:

- 2 kilo kyllingelår med skind
- 1 spsk olivenolie
- 1 kop champignon i kvarte
- 3 gulerødder, finthakkede
- 1 lille krukke Kalamata oliven
- 2 dåser (14 oz.) hakkede tomater
- 1 lille dåse tomatpure
- 1 glas rødvin
- 5 fed hvidløg
- 1 kop orzo

Titler:

Varm olivenolien op i en stor pande. Når olien er varm tilsættes kyllingen med skindsiden nedad og steges, indtil den er brun. Pas på, at kyllingestykkerne ikke rører hinanden.

Når kyllingen er brunet, tilsættes den til slow cookeren med alle ingredienserne undtagen orzoen. Kog kyllingen i 2 timer, tilsæt derefter orzoen og kog i yderligere 2 timer. Server med sprødt franskbrød.

Ernæring (pr. 100 gram):424 kalorier 16 g fedt 10 g kulhydrat 11 g protein 845 mg natrium

Langsomt kogt provencalsk Daube

Forberedelsestid: 15 minutter.

Tilberedningstid: 8 timer.

Portioner: 8

Sværhedsgrad: medium

Indhold:

- 1 spsk olivenolie
- 10 fed hakket hvidløg
- 2 kilo udbenet steg
- 1½ tsk salt, delt
- ½ tsk friskkværnet sort peber
- 1 glas tør rødvin
- 2 kopper hakkede gulerødder
- 1½ dl hakket løg
- ½ kop bouillon
- 1 dåse (14 oz.) tomater i tern
- 1 spsk tomatpuré
- 1 tsk hakket frisk rosmarin
- 1 tsk hakket frisk timian
- ½ tsk appelsinskal
- ½ tsk stødt kanel
- ¼ teskefuld stødt nelliker
- 1 laurbærblad

Titler:

Forvarm panden, og tilsæt derefter olivenolien. Tilsæt hakket hvidløg og løg og steg indtil løget er blødt og hvidløget begynder at brune.

Tilsæt det hakkede kød, krydr med salt og peber og steg til kødet er brunet. Overfør kødet til slow cookeren. Rør oksefonden i gryden og kog i cirka 3 minutter for at brune gryden, og hæld den derefter over oksekødet i slow cookeren.

Tilsæt resten af ingredienserne til slowcookeren og bland godt. Indstil slow cookeren til lav og kog i 8 timer, eller skru den til høj og kog i 4 timer. Server med ægspasta, ris eller noget sprødt italiensk brød.

Ernæring (pr. 100 gram): 547 kalorier 30,5 g fedt 22 g kulhydrater 45,2 g protein 809 mg natrium

Bucco bjørn

Forberedelsestid: 30 minutter.

Tilberedningstid: 8 timer.

Portioner: 3

Sværhedsgrad: medium

Indhold:

- 4 kalvekød eller kalveben
- 1 tsk havsalt
- ½ tsk malet sort peber
- 3 spsk fuldkornshvedemel
- 1-2 spsk olivenolie
- 2 mellemstore løg, hakket
- 2 mellemstore gulerødder, hakket
- 2 stilke selleri, hakket
- 4 fed hvidløg, hakket
- 1 dåse (14 oz.) tomater i tern
- 2 tsk tørrede timianblade
- ½ kop kød- eller grøntsagsbouillon

Titler:

Krydr begge sider af benene, og dyp dem derefter i mel til pels. Varm en stor stegepande op ved høj varme. Tilsæt olivenolien. Når olien er varm tilsættes traverne og steges jævnt på begge sider. Når den er gyldenbrun, overføres den til slow cookeren.

Hæld bouillonen i gryden og rør i 3-5 minutter, indtil gryden bliver rød. Kom de øvrige ingredienser i slowcookeren og hæld vandet fra gryden over.

Sæt slow cooker til lav og kog i 8 timer. Osso Bucco serveres over quinoa, brune ris eller endda blomkålsris.

Ernæring (pr. 100 gram): 589 kalorier 21,3 g fedt 15 g kulhydrater 74,7 g protein 893 mg natrium

Slow Cooker Beef Bourguignon

Forberedelsestid: 5 minutter.

Tilberedningstid: 8 timer.

Portioner: 8

Sværhedsgrad: Hårdt

Indhold:

- 1 spsk ekstra jomfru olivenolie
- 6 ounce bacon, groft hakket
- 3 pund magert hakkebøf, skåret i 2-tommers terninger
- 1 stor gulerod, skåret i skiver
- 1 stort hvidt løg, hakket
- 6 fed hvidløg, hakket og delt
- ½ tsk groft salt
- ½ tsk friskkværnet sort peber
- 2 spsk fuldkorn
- 12 små løg
- 3 glas rødvin (Merlot, Pinot Noir eller Chianti)
- 2 kopper bouillon
- 2 spsk tomatpure
- 1 kødbouillon i tern
- 1 tsk frisk timian, hakket
- 2 spsk frisk persille
- 2 laurbærblade
- 2 spsk smør eller 1 spsk olivenolie

- 1 pund friske små hvide eller brune svampe i kvarte

Titler:

Varm en stegepande op over medium-høj varme og tilsæt olivenolien. Når olien er varm, steges baconen sprød, og læg den derefter i din slow cooker. Kom baconfedtet i gryden.

Dup kødet tørt og steg i samme pande med baconfedtet, indtil det er jævnt brunet på alle sider. Overfør til en langsom komfur.

Læg løg og gulerødder i slowcookeren og smag til med salt og peber. Bland ingredienserne og sørg for at alt er krydret.

Hæld rødvinen i gryden og kog i 4-5 minutter, indtil gryden bliver rød, tilsæt derefter melet og rør til en jævn masse. Fortsæt med at koge, indtil væsken reduceres og tykner lidt.

Når væsken tykner, hældes den i slowcookeren og røres for at belægge alt med vinblandingen. Tilsæt tomatpuré, bouillon, timian, persille, 4 fed hvidløg og laurbærblad. Drej slowcookeren til høj og kog i 6 timer, eller skru den til lav og kog i 8 timer.

Blødgør smørret eller varm olivenolien op i en gryde ved middel varme. Når olien er varm, tilsæt de resterende 2 fed hvidløg og steg i cirka 1 minut, før du tilføjer svampene. Kog svampene, indtil de er bløde, og kom dem derefter i slowcookeren og rør rundt.

Server med kartoffelmos, ris eller pasta.

Ernæring (pr. 100 gram): 672 kalorier 32 g fedt 15 g kulhydrat 56 g protein 693 mg natrium

Balsamico kalvekød

Forberedelsestid: 5 minutter.

Tilberedningstid: 8 timer.

Portioner: 10

Sværhedsgrad: medium

Indhold:

- 2 kilo udbenet steg
- 1 spsk olivenolie
- Friktion
- 1 tsk hvidløgspulver
- ½ tsk løgpulver
- 1 tsk havsalt
- ½ tsk friskkværnet sort peber
- BUND
- ½ kop balsamicoeddike
- 2 spiseskefulde honning
- 1 spsk sennep og honning
- 1 kop bouillon
- 1 spsk tapioka, fuldkornshvedemel eller majsstivelse (for at tykne saucen evt.)

Titler:

Tilsæt alle ingredienserne til massagen.

Bland balsamicoeddike, honning, honningsennep og bouillon i en separat skål. Pensl stegen med olivenolie, og top med krydderierne fra smørepålæg. Læg stegen i slowcookeren, og hæld derefter saucen over den. Sæt slow cooker til lav og kog i 8 timer.

Hvis du vil tykne wok-saucen, skal du overføre den fra slow cookeren til en skål. Hæld derefter olien i en gryde og kog den op på komfuret. Rør melet i, indtil det er jævnt, og kog indtil saucen tykner.

Ernæring (pr. 100 gram): 306 kalorier 19 g fedt 13 g kulhydrater 25 g protein 823 mg natrium

Roastbeef

Forberedelsestid: 20 minutter.

Tilberedningstid: 5 timer.

Portioner: 8

Sværhedsgrad: medium

Indhold:

- 2 spsk olivenolie
- salt peber
- 3 pund udbenet roastbeef, bundet
- 4 mellemstore gulerødder, skrællede
- 2 pastinakker, skrællet og halveret
- 2 hvide kålrabi, skrællet og delt i kvarte
- 10 fed pillede hvidløg
- 2 kviste frisk timian
- 1 appelsin vasket og revet
- 1 kop kylling eller oksebouillon

Titler:

Varm en stor stegepande op over medium-høj varme. Gnid roastbeefen med olivenolie, og krydr derefter med salt og peber. Når panden er varm tilsættes roastbeef og steges på alle sider. Dette tager cirka 3 minutter på hver side, men det holder saften inde og holder kødet saftigt.

Når den er tilberedt, læg den i slow cooker. Smid gulerødder, pastinak, majroer og hvidløg i en gryde. Rør og kog i cirka 5 minutter, men ikke helt, bare for at fjerne nogle brune stykker fra oksekødet og tilføje farve.

Overfør grøntsagerne til slow cookeren og arranger rundt om kødet. Fordel timian og appelsinskal over toppen af stegen. Skær appelsinen i halve og pres dens saft ud over kødet. Tilsæt hønsebouillon, og steg derefter stegen i 5 timer.

Ernæring (pr. 100 gram): 426 kalorier 12,8 g fedt 10 g kulhydrater 48,8 g protein 822 mg natrium

Ris og middelhavspølse

Forberedelsestid: 15 minutter.

Tilberedningstid: 8 timer.

Portioner: 6

Sværhedsgrad: medium

Indhold:

- 1½ pund italiensk pølse, smuldret
- 1 mellemstor rødløg finthakket
- 2 spsk bøfsauce
- 2 kopper langkornet ris, ukogte
- 1 dåse (14 oz.) hakkede tomater med juice
- ½ glas vand
- 1 mellemstor grøn peberfrugt, hakket

Titler:

Spray din slow cooker med olivenolie eller nonstick-spray. Tilføj pølse, løg og bøf sauce til slow cookeren. Lad det stå på lav varme i 8-10 timer.

Efter 8 timer tilsættes ris, tomater, vand og grøn peber. Bland godt. Bages i yderligere 20-25 minutter.

Ernæring (pr. 100 gram): 650 kalorier 36 g fedt 11 g kulhydrat 22 g protein 633 mg natrium

spanske frikadeller

Forberedelsestid: 20 minutter.

Tilberedningstid: 5 timer.

Portioner: 6

Sværhedsgrad: Hårdt

Indhold:

- 1 kilo malet kalkun
- 1 kilo hakket svinekød
- 2 æg
- 1 dåse (20 oz.) hakkede tomater
- ¾ kop hakket sødt løg, delt
- ¼ kop plus 1 spsk brødkrummer
- 3 spsk hakket frisk persille
- 1½ tsk spidskommen
- 1½ tsk paprika (sød eller varm)

Titler:

Spray slowcookeren med olivenolie.

Bland hakket kød, æg, cirka halvdelen af løget, rasp og krydderier i en skål.

Vask dine hænder og bland indtil alt er godt blandet. Bland ikke for meget, da det vil gøre frikadellerne seje. Vi danner frikadeller. Størrelsen på de stykker, du laver, afgør selvfølgelig antallet af frikadeller.

Opvarm 2 spsk olivenolie i en gryde ved middel varme. Mens de er varme, røres frikadellerne og steges på alle sider. Sørg for, at kuglerne ikke rører hinanden, så de steger jævnt. Når de er klar, overfør dem til slow cookeren.

Tilsæt de resterende løg og tomater til stegepanden og steg i et par minutter, og skrab eventuelle brune stykker op fra bøfferne for smag. Overfør tomaterne til frikadellerne i slowcookeren og kog i 5 timer.

Ernæring (pr. 100 gram): 372 kalorier 21,7 g fedt 15 g kulhydrater 28,6 protein 772 mg natrium

Blomkålsbøf med oliven og citrussauce

Forberedelsestid: 15 minutter.

Spisetid: 30 minutter

Portioner: 4

Sværhedsgrad: medium

Indhold:

- 1 eller 2 store blomkål
- 1/3 kop ekstra jomfru olivenolie
- ¼ tsk kosher salt
- 1/8 tsk stødt sort peber
- saft af 1 appelsin
- skal af 1 appelsin
- ¼ kop sorte oliven, udstenede og hakkede
- 1 spsk dijon- eller kornet sennep
- 1 spsk rødvinseddike
- ½ tsk stødt koriander

Titler:

Forvarm ovnen til 400°F. Læg bagepapir eller folie på pladen. Skær stilken af blomkålen, så den står oprejst. Skær lodret i fire tykke lag. Læg blomkålen på den forberedte bageplade. Dryp med olivenolie, salt og peber. Bages i cirka 30 minutter.

I en mellemstor skål kombineres appelsinjuice, appelsinskal, oliven, sennep, eddike og koriander; Bland godt. Server med sauce.

Ernæring (pr. 100 gram): 265 kalorier 21 g fedt 4 g kulhydrat 5 g protein 693 mg natrium

Pasta med pistacie og myntepesto

Forberedelsestid: 10 minutter.

Spisetid: 10 minutter

Portioner: 4

Sværhedsgrad: medium

Indhold:

- 8 ounce fuldkornspasta
- 1 kop frisk mynte
- ½ kop frisk basilikum
- 1/3 kop usaltede jordnødder i deres skaller
- 1 fed pillet hvidløg
- ½ tsk kosher salt
- saft af ½ citron
- 1/3 kop ekstra jomfru olivenolie

Titler:

Kog pastaen efter anvisningen på pakken. Dæk med en halv kop pastavand, afdryp og stil til side. Tilsæt mynte, basilikum, pistacienødder, hvidløg, salt og citronsaft i en foodprocessor. Behandl indtil pistacienødderne er fintmalede. Tilsæt olivenolien i en langsom, jævn strøm og bearbejd indtil den er blandet.

Bland pasta med pistaciepesto i en stor skål. Hvis du vil have en tyndere, mere krydret konsistens, tilsæt lidt pastavand og bland godt.

Ernæring (pr. 100 gram): 420 kalorier 3 g fedt 2 g kulhydrat 11 g protein 593 mg natrium

Angel hair pasta med cherry tomatsauce

Forberedelsestid: 10 minutter.

Spisetid: 20 minutter

Portioner: 4

Sværhedsgrad: medium

Indhold:

- 8 oz angel hair pasta
- 2 spsk ekstra jomfru olivenolie
- 3 fed hvidløg, finthakket
- 3 liter cherrytomater
- ½ tsk kosher salt
- ¼ tsk rød peberflager
- ¾ kop frisk basilikum, hakket
- 1 spsk hvid balsamicoeddike (valgfrit)
- ¼ kop revet parmesanost (valgfrit)

Titler:

Kog pastaen efter anvisningen på pakken. Tøm og reserver.

Varm olivenolien op i en stegepande eller stor stegepande over medium-høj varme. Tilsæt hvidløg og steg i 30 sekunder. Tilsæt tomater, salt og rød peberflager og kog under omrøring af og til, indtil tomaterne bryder sammen, cirka 15 minutter.

Fjern fra varmen og tilsæt pasta og basilikum. Bland godt. (For tomater uden for sæsonen, tilsæt evt. eddike og bland godt.) Server.

Ernæring (pr. 100 gram): 305 kalorier 8 g fedt 3 g kulhydrat 11 g protein 559 mg natrium

Stegt tofu med soltørrede tomater og artiskokker

Forberedelsestid: 30 minutter.

Spisetid: 30 minutter

Portioner: 4

Sværhedsgrad: medium

Indhold:

- 1 pakke (16 ounce) ekstra fast tofu, skåret i 1-tommers terninger
- 2 spsk ekstra jomfru olivenolie, delt
- 2 spsk citronsaft, delt
- 1 spsk sojasovs med lavt natriumindhold
- 1 løg hakket
- ½ tsk kosher salt
- 2 fed hvidløg, finthakket
- 1 dåse (14 oz.) artiskokhjerter, drænet
- 8 tørrede tomater
- ¼ tsk friskkværnet sort peber
- 1 spsk hvidvinseddike
- skal af 1 citron og
- ¼ kop hakket frisk persille

Titler:

Forvarm ovnen til 400°F. Læg folie eller bagepapir på pladen. Bland tofu, 1 spsk olivenolie, 1 spsk citronsaft og sojasauce i en skål. Lad og marinere i 15-30 minutter. Læg tofu i et enkelt lag på den forberedte bageplade og bag ved at vende én gang, indtil den er let brunet, 20 minutter.

Kog eller steg den resterende 1 spsk olivenolie i en stor stegepande over medium varme. Tilsæt løg og salt; kog i 5-6 minutter, indtil de er gennemsigtige. Tilsæt hvidløg og steg i 30 sekunder. Tilsæt derefter artiskokhjerter, soltørrede tomater og sort peber og steg i 5 minutter. Tilsæt hvidvinseddike og den resterende spiseskefuld citronsaft, dræn derefter gryden og skrab eventuelle brune stykker op. Tag gryden af komfuret og tilsæt citronskal og persille. Rør forsigtigt den stegte tofu i.

Ernæring (pr. 100 gram): 230 kalorier 14 g fedt 5 g kulhydrat 14 g protein 593 mg natrium

Bagt middelhavstempeh med tomater og hvidløg

tid til at forberede sig: 25 minutter plus 4 timer til marinering

Spisetid: 35 minutter

Portioner: 4

Sværhedsgrad: Hårdt

Indhold:

- <u>for tempeh</u>
- 12 ounce tempeh
- ¼ glas hvidvin
- 2 spsk ekstra jomfru olivenolie
- 2 spsk citronsaft
- skal af 1 citron og
- ¼ tsk kosher salt
- ¼ tsk friskkværnet sort peber
- <u>Til tomat- og hvidløgssauce</u>
- 1 spsk ekstra jomfru olivenolie
- 1 løg hakket
- 3 fed hvidløg, finthakket
- 1 dåse (14,5 oz.) usaltede, knuste tomater
- 1 oksekødstomat, hakket
- 1 tørret laurbærblad
- 1 tsk hvidvinseddike

- 1 tsk citronsaft.
- 1 tsk tørret timian
- 1 tsk tørret timian
- ¾ tsk kosher salt
- ¼ kop basilikum, skåret i strimler

Titler:

At lave tempeh

Placer tempeh i en mellemstor stegepande. Tilsæt nok vand til at dække det med 1-2 fingre. Bring det i kog ved middelhøj varme, læg låg på og lad det simre ved svag varme. Kog i 10-15 minutter. Fjern tempeh, dup tør, lad afkøle og skær i 1-tommers terninger.

Bland hvidvin, olivenolie, citronsaft, citronskal, salt og peber. Tilsæt tempeh, dæk skålen til og stil på køl i 4 timer eller natten over. Forvarm ovnen til 375°F. Læg den marinerede tempeh og pickles i et ovnfast fad og bag i 15 minutter.

For at forberede tomat hvidløg sauce

Varm olivenolien op i en stor gryde ved middel varme. Tilsæt løget og sauter indtil det er gennemsigtigt, 3-5 minutter. Tilsæt hvidløg og steg i 30 sekunder. Tilsæt knuste tomater, kalvetomater, laurbærblade, eddike, citronsaft, timian, oregano og salt. Bland godt. Kog ved lav varme i 15 minutter.

Tilsæt den stegte tempeh til tomatblandingen og rør forsigtigt. Pynt med basilikum.

ERSTATNINGSTIP: Hvis du ikke har tempeh eller bare vil fremskynde tilberedningen, kan du bruge en 14,5-ounce dåse bønner på dåse i stedet for tempeh. Skyl bønnerne og kom dem i saucen sammen med de knuste tomater. En fantastisk vegansk hovedret på den halve tid!

Ernæring (pr. 100 gram): 330 kalorier 20 g fedt 4 g kulhydrat 18 g protein 693 mg natrium

Ristede portobellosvampe med grønkål og rødløg

Forberedelsestid: 30 minutter.

Spisetid: 30 minutter

Portioner: 4

Sværhedsgrad: Hårdt

Indhold:

- ¼ kop hvidvinseddike
- 3 spsk ekstra jomfru olivenolie, delt
- ½ tsk honning
- ¾ tsk kosher salt, delt
- ¼ tsk friskkværnet sort peber
- 4 store portobellosvampe, stilke fjernet
- 1 rødløg, reduceret
- 2 fed hvidløg, finthakket
- 1 bundt (8 ounce) grønkål, stilket og hakket
- ¼ tsk rød peberflager
- ¼ kop revet parmesanost eller romano

Titler:

Læg bagepapir eller alufolie på pladen. I en mellemstor skål piskes eddike, 1 ½ spsk olivenolie, honning, ¼ tsk salt og sort peber sammen. Anret svampene på pladen og hæld marinaden over dem. Lad det marinere i 15-30 minutter.

Forvarm i mellemtiden ovnen til 400°F. Kog svampene i 20 minutter, vend dem halvvejs. Opvarm de resterende 1½ spsk olivenolie i en stor stegepande eller svits over medium-høj varme. Tilsæt løget og den resterende ½ tsk salt og steg indtil gyldenbrun, 5-6 minutter. Tilsæt hvidløg og steg i 30 sekunder. Rør grønkål og rød peberflager i og sauter indtil grønkålen er gennemstegt, cirka 5 minutter.

Tag svampene ud af ovnen og skru op for varmen. Hæld forsigtigt væske fra stegepande i stegepande med grønkålsblanding; Bland godt. Vend svampen, så stilken vender opad. Hæld lidt af grønkålsblandingen over hver champignon. Drys 1 spsk parmesanost over hver. Grill indtil gyldenbrun.

Ernæring (pr. 100 gram): 200 kalorier 13g fedt 4g kulhydrater 8g protein

Balsamicomarineret tofu med basilikum og timian

Forberedelsestid: 40 minutter.

Spisetid: 30 minutter

Portioner: 4

Sværhedsgrad: medium

Indhold:

- ¼ kop ekstra jomfru olivenolie
- ¼ kop balsamicoeddike
- 2 spiseskefulde sojasovs med lavt natriumindhold
- 3 fed hvidløg, revet
- 2 tsk ren ahornsirup
- skal af 1 citron og
- 1 tsk tørret basilikum
- 1 tsk tørret timian
- ½ tsk tørret timian
- ½ tsk tørret salvie
- ¼ tsk kosher salt
- ¼ tsk friskkværnet sort peber
- ¼ tsk rød peberflager (valgfrit)
- 1 blok (16 ounce) ekstra fast tofu

Titler:

Kombiner olivenolie, eddike, sojasovs, hvidløg, ahornsirup, citronskal, basilikum, oregano, oregano, salvie, salt, sort peber og flager af rød peber i en skål i gallonstørrelse eller ziplock-pose.

Tilsæt tofu og bland forsigtigt. Stil i køleskabet og mariner i 30 minutter, eller endda natten over, hvis det er nødvendigt.

Forbered ovnen til 425°F. Læg bagepapir eller folie på pladen. Læg marineret tofu i et enkelt lag i den forberedte gryde. Bages i 20-30 minutter, vend halvvejs igennem, indtil de er let sprøde.

Ernæring (pr. 100 gram): 225 kalorier 16 g fedt 2 g kulhydrat 13 g protein 493 mg natrium

Zucchini fyldt med ricotta, basilikum og pistacienødder

Forberedelsestid: 15 minutter.

Spisetid: 25 minutter

Portioner: 4

Sværhedsgrad: medium

Indhold:

- 2 mellemstore zucchinier, halveret på langs
- 1 spsk ekstra jomfru olivenolie
- 1 løg hakket
- 1 tsk kosher salt
- 2 fed hvidløg, finthakket
- ¾ kop ricottaost
- ¼ kop usaltede pistacienødder, afskallede og hakkede
- ¼ kop hakket frisk basilikum
- 1 stort æg, pisket
- ¼ tsk friskkværnet sort peber

Titler:

Forvarm ovnen til 425 ° F. Læg bagepapir eller alufolie på en bageplade. Skær frøene/kødet af squashen, efterlad ¼ tomme kød rundt om kanterne. Læg dejen på et skærebræt og skær dejen ud.

Varm olivenolien op i en pande ved middel varme. Tilsæt løg, frugtkød og salt og steg i cirka 5 minutter. Tilsæt hvidløg og steg i

30 sekunder. Bland ricottaost, pistacienødder, basilikum, æg og sort peber. Tilsæt løgblandingen og bland godt.

Arranger halvdelen af 4 zucchinier i den forberedte gryde. Fordel halvdelen af zucchinierne med ricottablandingen. Bages til de er gyldne.

Ernæring (pr. 100 gram): 200 kalorier 12 g fedt 3 g kulhydrat 11 g protein 836 mg natrium

Farro med stegte tomater og svampe

Forberedelsestid: 20 minutter.

Tilberedningstid: 1 time.

Portioner: 4

Sværhedsgrad: Hårdt

Indhold:

- <u>til tomater</u>
- 2 liter cherrytomater
- 1 tsk ekstra jomfru olivenolie
- ¼ tsk kosher salt
- <u>til fyret</u>
- 3-4 glas vand
- ½ kop farro
- ¼ tsk kosher salt
- <u>til svampen</u>
- 2 spsk ekstra jomfru olivenolie
- 1 hoved rødløg
- ½ tsk kosher salt
- ¼ tsk friskkværnet sort peber
- 10 ounce babysvampe, stilke fjernet og skåret i tynde skiver
- ½ kop grøntsagsbouillon uden tilsat salt
- 1 dåse (15 oz.) cannellinibønner med lavt natriumindhold, drænet og skyllet
- 1 kop babyspinat

- 2 spsk frisk basilikum skåret i strimler
- ¼ kop ristede pinjekerner
- lagret balsamicoeddike (valgfrit)

Titler:

For at forberede tomaterne

Forvarm ovnen til 400°F. Læg bagepapir eller folie på pladen. Bland tomater, olivenolie og salt i en bradepande og kog i 30 minutter.

det er farro

Bring vand, farro og salt i kog i en mellemstor gryde eller gryde ved høj varme. Bring i kog og kog i 30 minutter eller indtil farro er al dente. Tøm og reserver.

For at forberede svampene

Varm olivenolien op i en stor stegepande eller steg ved middel-lav varme. Tilsæt løg, salt og peber og steg indtil de er gyldenbrune og begynder at karamellisere, cirka 15 minutter. Tilsæt svampene, øg varmen til medium og kog indtil væsken fordamper og svampene begynder at blive brune, cirka 10 minutter. Tilsæt grøntsagsfond og reducer varmen til lav, skrab eventuelle brune stykker op og reducer væsken i cirka 5 minutter. Tilsæt bønnerne og varm op i cirka 3 minutter.

Fjern og tilsæt spinat, basilikum, pinjekerner, ristede tomater og farro. Drys eventuelt med balsamicoeddike.

Ernæring (pr. 100 gram): 375 kalorier 15 g fedt 10 g kulhydrat 14 g protein 769 mg natrium

Braiseret orzo med aubergine, mangold og mozzarella

Forberedelsestid: 20 minutter.

Spisetid: 60 minutter

Portioner: 4

Sværhedsgrad: medium

Indhold:

- 2 spsk ekstra jomfru olivenolie
- 1 stor aubergine (1 pund), hakket
- 2 gulerødder, skrællet og skåret i små tern
- 2 stilke selleri, skåret i små tern
- 1 rødløg skåret i små tern
- ½ tsk kosher salt
- 3 fed hvidløg, finthakket
- ¼ tsk friskkværnet sort peber
- 1 kop fuldkornsorzo
- 1 tsk usaltet tomatpuré
- 1½ dl usaltet grøntsagsbouillon
- 1 kop mangold, stilke fjernet og hakket
- 2 spsk hakket frisk timian
- skal af 1 citron og
- 4 ounce mozzarellaost, skåret i små tern
- ¼ kop revet parmesanost
- 2 tomater, skåret en halv centimeter tykke

Titler:

Forvarm ovnen til 400°F. Varm olivenolien op i en stor ovnfast gryde ved middel varme. Tilsæt aubergine, gulerod, selleri, løg og salt og sauter i 10 minutter. Tilsæt hvidløg og sort peber og steg i cirka 30 sekunder. Tilsæt orzo og tomatpure og steg i 1 minut. Rør minestrone i og reducer varmen i gryden, og skrab eventuelle brune stykker op. Tilsæt manold, timian og citronskal og rør rundt, indtil mangolden visner.

Tag den ud og kom mozzarellaost på den. Glat toppen af orzoblandingen, indtil den er glat. Drys parmesanost på toppen. Fordel tomaterne i et enkelt lag over parmesanosten. Bages i 45 minutter.

Ernæring (pr. 100 gram): 470 kalorier 17 g fedt 7 g kulhydrat 18 g protein 769 mg natrium

Bygrisotto med tomater

Forberedelsestid: 20 minutter.

Spisetid: 45 minutter

Portioner: 4

Sværhedsgrad: medium

Indhold:

- 2 spsk ekstra jomfru olivenolie
- 2 stilke selleri, hakket
- ½ kop skalotteløg, hakket
- 4 fed hvidløg, hakket
- 3 kopper usaltet grøntsagssuppe
- 1 dåse (14,5 oz.) usaltede tomater i tern
- 1 dåse (14,5 oz.) usaltede, knuste tomater
- 1 kop perlebyg
- skal af 1 citron og
- 1 tsk kosher salt
- ½ tsk røget paprika
- ¼ tsk rød peberflager
- ¼ tsk friskkværnet sort peber
- 4 kviste timian
- 1 tørret laurbærblad
- 2 kopper babyspinat
- ½ kop smuldret fetaost
- 1 spsk hakket frisk timian

- 1 spsk ristede fennikelfrø (valgfrit)

Titler:

Varm olivenolien op i en stor gryde ved middel varme. Tilsæt selleri og skalotteløg og svits i 4-5 minutter. Tilsæt hvidløg og steg i 30 sekunder. Tilsæt grøntsagsbouillon, hakkede tomater, knuste tomater, byg, citronskal, salt, rød peber, chilipeber, sort peber, timian og laurbærblad og bland godt. Bring det i kog, reducer derefter varmen og lad det simre. Kog i 40 minutter, rør af og til.

Fjern laurbærblade og timian. Tilsæt spinat. I en lille skål blandes fetaost, timian og fennikelfrø. Bygrisotto serveres i skåle foret med fetaostblanding.

Ernæring (pr. 100 gram):375 kalorier 12 g fedt 13 g kulhydrater 11 g protein 799 mg natrium

Kikærter og kål med spicy Pomodoro sauce

Forberedelsestid: 10 minutter.

Spisetid: 35 minutter

Portioner: 4

Sværhedsgrad: Let

Indhold:

- 2 spsk ekstra jomfru olivenolie
- 4 fed hvidløg, skåret i skiver
- 1 tsk rød peberflager
- 1 dåse (28 oz.) usaltede, knuste tomater
- 1 tsk kosher salt
- ½ tsk honning
- 1 bundt grønkål, stilke fjernet og hakket
- 2 dåser (15 oz) kikærter med lavt natriumindhold, drænet og skyllet
- ¼ kop hakket frisk basilikum
- ¼ kop revet Pecorino Romano ost

Titler:

Varm olivenolien op i en pande ved middel varme. Tilsæt hvidløg og rød peberflager og svits indtil hvidløget er let brunet, cirka 2 minutter. Tilsæt tomater, salt og honning og bland godt. Reducer varmen til lav og kog i 20 minutter.

Tilsæt kålen og bland godt. Kog i cirka 5 minutter. Tilsæt kikærter og kog i cirka 5 minutter. Fjern fra varmen og tilsæt basilikum. Server drysset med Pecorino ost.

Ernæring (pr. 100 gram): 420 kalorier 13 g fedt 12 g kulhydrat 20 g protein 882 mg natrium

Bagt fetaost med kål og citronyoghurt

Forberedelsestid: 15 minutter.

Spisetid: 20 minutter

Portioner: 4

Sværhedsgrad: medium

Indhold:

- 1 spsk ekstra jomfru olivenolie
- 1 hoved rødløg
- ¼ tsk kosher salt
- 1 tsk stødt gurkemeje
- ½ tsk stødt spidskommen
- ½ tsk stødt koriander
- ¼ tsk friskkværnet sort peber
- 1 bundt grønkål, stilke fjernet og hakket
- 7-ounce blok fetaost, skåret i ¼-tommer tykke skiver
- ½ kop naturlig græsk yoghurt
- 1 spsk citronsaft

Titler:

Forvarm ovnen til 400°F. Varm olivenolien op i en stor ovnfast stegepande eller sauterpande ved middel varme. Tilsæt løg og salt; sauter indtil let brunet, cirka 5 minutter. Tilsæt gurkemeje, spidskommen, koriander og sort peber; Kog i 30 sekunder. Tilsæt kålen og svits i cirka 2 minutter. Tilsæt et halvt glas vand og fortsæt med at koge kålen i cirka 3 minutter.

Tag fra varmen og læg fetaostskiverne over kålblandingen. Sæt i ovnen og bag i 10-12 minutter, indtil fetaosten er blød. Bland yoghurt og citronsaft i en lille skål. Server kål og fetaost med citronyoghurt.

Ernæring (pr. 100 gram): 210 kalorier 14 g fedt 2 g kulhydrat 11 g protein 836 mg natrium

Stegt aubergine og kikærter med tomatsauce

Forberedelsestid: 15 minutter.

Spisetid: 60 minutter

Portioner: 4

Sværhedsgrad: Hårdt

Indhold:

- olivenolie spray til madlavning
- 1 stor aubergine (ca. 1 pund), skåret i ¼-tommer tykke skiver
- 1 tsk kosher salt, delt
- 1 spsk ekstra jomfru olivenolie
- 3 fed hvidløg, finthakket
- 1 dåse (28 oz.) usaltede, knuste tomater
- ½ tsk honning
- ¼ tsk friskkværnet sort peber
- 2 spsk hakket frisk basilikum
- 1 dåse (15 ounce) usaltede eller natriumfattige kikærter, drænet og skyllet
- ¾ kop smuldret fetaost
- 1 spsk hakket frisk timian

Titler:

Forvarm ovnen til 425°F. Smør og beklæd to bageplader med folie og sprøjt let med olivenolie. Fordel auberginen i et enkelt lag og drys med ½ tsk salt. Bag i 20 minutter, vend en gang halvvejs igennem, indtil let brunet.

Varm imens olivenolien op i en stor stegepande ved middel varme. Tilsæt hvidløg og steg i 30 sekunder. Tilsæt knuste tomater, honning, resterende ½ tsk salt og sort peber. Kog i cirka 20 minutter, indtil saucen bløder lidt og tykner. Tilsæt basilikum.

Når du har fjernet auberginen fra ovnen, skal du reducere ovntemperaturen til 375°F. Hæld kikærterne og 1 kop sauce i et stort rektangulært eller ovalt fad. Arranger aubergineskiver over kikærter efter behov. Hæld resten af saucen over auberginerne. Drys fetaost og timian på toppen.

Dæk pladen med aluminiumsfolie og bag i 15 minutter. Fjern folien og bag i yderligere 15 minutter.

Ernæring (pr. 100 gram): 320 kalorier 11 g fedt 12 g kulhydrat 14 g protein 773 mg natrium

Stegt falafel skydere

Forberedelsestid: 10 minutter.

Spisetid: 30 minutter

Portioner: 6

Sværhedsgrad: medium

Indhold:

- olivenolie spray til madlavning
- 1 dåse (15 oz) kikærter med lavt natriumindhold, drænet og skyllet
- 1 finthakket løg
- 2 fed hvidløg, pillede
- 2 spsk hakket frisk persille
- 2 spsk fuldkornshvedemel
- ½ tsk stødt koriander
- ½ tsk stødt spidskommen
- ½ tsk bagepulver
- ½ tsk kosher salt
- ¼ tsk friskkværnet sort peber

Titler:

Forvarm ovnen til 350°F. Beklæd en bageplade med bagepapir eller folie og sprøjt let med olivenolie.

Bland kikærter, løg, hvidløg, persille, mel, koriander, spidskommen, bagepulver, salt og peber i en foodprocessor. Bland indtil glat.

Lav 6 skydere, tilsæt ¼ kop dej til hver, og læg på den forberedte bageplade. Bages i 30 minutter. At deltage.

Ernæring (pr. 100 gram): 90 kalorier 1 g fedt 3 g kulhydrat 4 g protein 803 mg natrium

Portobello Caprese

Forberedelsestid: 15 minutter.

Spisetid: 30 minutter

Portioner: 2

Sværhedsgrad: Hårdt

Indhold:

- 1 spsk olivenolie
- 1 kop cherrytomater
- Salt og peber efter smag
- 4 store friske basilikumblade, skåret i tynde skiver og delt
- 3 mellemstore fed hvidløg, hakket
- 2 store portobellosvampe, stilke fjernet
- 4 mini mozzarella kugler
- 1 spsk revet parmesanost

Titler:

Forvarm ovnen til 180°C (350°F). Smør en bageplade med olivenolie. Dryp 1 spiseskefuld olivenolie i en nonstick-gryde og opvarm over medium-høj varme. Kom tomaterne i gryden og krydr med salt og peber. Prik et par huller i tomaterne for at dræne vandet af under tilberedningen. Dæk tomaterne til og kog i 10 minutter eller indtil de er møre.

Reserver 2 teskefulde basilikum og tilsæt resterende basilikum og hvidløg til panden. Mos tomaterne med en spatel og kog i et halvt minut. Rør konstant under tilberedningen. Hvis du lægger det til side, ignorerer du det. Læg svampene i gryden, dæk til og drys med salt og peber.

Hæld tomatblandingen og mozzarellakuglerne over svampenes gæller, og drys derefter med parmesanost for at dække godt. Bag indtil svampene er gaffelmøre og osten er gyldenbrun. Tag de fyldte svampe ud af ovnen og server med basilikum på toppen.

Ernæring (pr. 100 gram): 285 kalorier 21,8 g fedt 2,1 g kulhydrater 14,3 g protein 823 mg natrium

Tomater fyldt med champignon og ost

Forberedelsestid: 15 minutter.

Spisetid: 20 minutter

Portioner: 4

Sværhedsgrad: medium

Indhold:

- 4 store modne tomater
- 1 spsk olivenolie
- ½ pund (454 g) hvide eller cremini-svampe, skåret i skiver
- 1 spsk hakket frisk basilikum
- ½ kop gult løg, hakket
- 1 spsk hakket frisk timian
- 2 fed hvidløg, finthakket
- ½ tsk salt
- ¼ tsk friskkværnet sort peber
- 1 kop fedtfattig mozzarellaost, revet
- 1 spsk revet parmesanost

Titler:

Forvarm ovnen til 190°C (375°F). Skær en halv tomme skive fra toppen af hver tomat. Læg dejen i en skål, efterlad ½ tomme tomatskal i den. Læg tomaterne på en bageplade beklædt med alufolie. Varm olivenolien op i en slip-let pande ved middel varme.

Kom svampe, basilikum, løg, timian, hvidløg, salt og peber på panden og svits i 5 minutter.

Hæld blandingen i tomatpuréskålen, tilsæt derefter mozzarellaosten og bland godt. Hæld blandingen i hver tomatskræl, og top med et lag parmesan. Bag i den forvarmede ovn i 15 minutter, indtil osten er blød og tomaterne bløde. Tag de fyldte tomater ud af ovnen og server dem varme.

Ernæring (pr. 100 gram): 254 kalorier 14,7 g fedt 5,2 g kulhydrater 17,5 g protein 783 mg natrium

Grupper efter

Forberedelsestid: 15 minutter.

Spisetid: 5 min

Portioner: 6

Sværhedsgrad: medium

Indhold:

- 4 spsk olivenolie, delt
- 4 kopper blomkål med ris
- 3 fed finthakket hvidløg
- Salt og peber efter smag
- ½ stor agurk, skrællet, kernet og hakket
- ½ kop hakket italiensk persille
- saft af 1 citron
- 2 spsk hakket rødløg
- ½ kop hakkede mynteblade
- ½ kop udstenede Kalamata-oliven, hakket
- 1 kop cherrytomater i kvarte
- 2 kopper rucola eller spinatblade
- 2 mellemstore avocadoer, skrællet, frøet og hakket

Titler:

Opvarm 2 spiseskefulde olivenolie i en nonstick-gryde over medium-høj varme. Tilsæt blomkålsris, hvidløg, salt og peber på panden og svits i 3 minutter, indtil dufter. Overfør dem til en stor skål.

Tilsæt agurk, persille, citronsaft, rødløg, mynte, oliven og resterende olivenolie i skålen. Rør for at kombinere godt. Stil skålen i køleskabet i mindst 30 minutter.

Tag skålen ud af køleskabet. Kom cherrytomater, rucola og avocado i skålen. Krydr godt og bland godt. Serveres koldt.

Ernæring (pr. 100 gram): 198 kalorier 17,5 g fedt 6,2 g kulhydrater 4,2 g protein 773 mg natrium

Krydret broccoli og artiskokhjerter

Forberedelsestid: 5 minutter.

Spisetid: 15 minutter

Portioner: 4

Sværhedsgrad: medium

Indhold:

- 3 spsk olivenolie, delt
- 2 pund (907 g) frisk broccoli rabe
- 3 fed finthakket hvidløg
- 1 tsk rød peberflager
- 1 tsk salt, plus mere efter smag
- 13,5 ounce (383 g) artiskokhjerter
- 1 spsk vand
- 2 spsk rødvinseddike
- friskkværnet sort peber efter smag

Titler:

Opvarm 2 spiseskefulde olivenolie i en nonstick-gryde over medium-høj varme. Tilsæt broccoli, hvidløg, rød peberflager og salt på panden og sauter i 5 minutter, eller indtil broccolien er mør.

Tilsæt artiskokhjerterne i gryden og kog i yderligere 2 minutter eller indtil de er møre. Tilsæt vand til gryden og reducer varmen til lav. Luk låget og kog ved svag varme i 5 minutter. Bland imens eddike og 1 spsk olivenolie i en skål.

Dryp den olieholdige eddike over den langsomt kogte broccoli og artiskokker og drys med salt og peber. Bland godt inden servering.

Ernæring (pr. 100 gram): 272 kalorier 21,5 g fedt 9,8 g kulhydrater 11,2 g protein 736 mg natrium

shakshuka

Forberedelsestid: 10 minutter.

Spisetid: 25 minutter

Portioner: 4

Sværhedsgrad: Hårdt

Indhold:

- 5 spsk olivenolie, delt
- 1 rød peberfrugt, hakket
- ½ lille gult løg, finthakket
- 14 ounce (397 g) knuste tomater, med juice
- 6 oz (170 g) frossen spinat, optøet og drænet for overskydende væske
- 1 tsk røget paprika
- 2 fed hvidløg finthakket
- 2 tsk rød peberflager
- 1 spsk kapers, hakket
- 1 spsk vand
- 6 store æg
- ¼ tsk friskkværnet sort peber
- ¾ kop feta- eller gedeost, smuldret
- ¼ kop frisk almindelig persille eller koriander, hakket

Titler:

Forbered ovnen til 150 C. Opvarm 2 spsk olivenolie i en stegepande over medium-høj varme. Svits peberfrugt og løg i en gryde, indtil løget er gennemsigtigt og peberen er blød.

Tilsæt tomater og deres juice, spinat, peberfrugt, hvidløg, rød peberflager, kapers, vand og 2 spsk olivenolie til gryden. Bland godt og kog op. Reducer varmen til lav, dæk derefter til og kog i 5 minutter.

Pisk æggene sammen med saucen, lad lidt mellemrum være mellem hvert æg, lad ægget stå som det er og drys med friskkværnet sort peber. Kog indtil æggene er færdige.

Pensl osten med æg og sauce og bag i den forvarmede ovn i 5 minutter, indtil osten er boblende og gyldenbrun. Inden servering varm, dryp den resterende 1 spsk olivenolie og drys persille på toppen.

Ernæring (pr. 100 gram): 335 kalorier 26,5 g fedt 5 g kulhydrater 16,8 g protein 736 mg natrium

spanakopita

Forberedelsestid: 15 minutter.

Spisetid: 50 minutter

Portioner: 6

Sværhedsgrad: Hårdt

Indhold:

- 6 spsk olivenolie, delt
- 1 lille gult løg, hakket
- 4 kopper frossen hakket spinat
- 4 fed hvidløg, hakket
- ½ tsk salt
- ½ tsk friskkværnet sort peber
- 4 store æg, pisket
- 1 kop ricotta ost
- ¾ kop fetaost, smuldret
- ¼ kop pinjekerner

Titler:

Smør bagepladen med 2 spsk olivenolie. Indstil ovnen til 375 grader F. Opvarm 2 spiseskefulde olivenolie i en nonstick-gryde over medium-høj varme. Smid løget i en gryde og svits i 6 minutter eller indtil det er gennemsigtigt og blødt.

Tilsæt spinat, hvidløg, salt og peber på panden og svits i yderligere 5 minutter. Læg dem i en skål og stil til side. Bland det sammenpiskede æg og ricottaost i en separat skål, og hæld derefter i skålen med spinatblandingen. Bland godt.

Hæld blandingen i gryden og vip gryden, så den dækker bunden af blandingen jævnt. Kog til det begynder at stivne. Tag bagepladen ud af ovnen og fordel fetaost og pinjekerner på den, og dryp derefter med de resterende 2 spsk olivenolie.

Sæt gryden tilbage i ovnen og bag i yderligere 15 minutter eller indtil toppen er gyldenbrun. Tag gryden ud af ovnen. Lad spanakopitaen køle af et par minutter og skær den i skiver inden servering.

Ernæring (pr. 100 gram): 340 kalorier 27,3 g fedt 10,1 g kulhydrat 18,2 g protein 781 mg natrium

tagine

Forberedelsestid: 20 minutter.

Spisetid: 60 minutter

Portioner: 6

Sværhedsgrad: medium

Indhold:

- ½ kop olivenolie
- 6 selleri stilke, skåret i ¼-tommer halvmåner
- 2 mellemstore gule løg, skåret i skiver
- 1 tsk stødt spidskommen
- ½ tsk stødt kanel
- 1 tsk ingefærpulver
- 6 fed hakket hvidløg
- ½ tsk rød peber
- 1 tsk salt
- ¼ tsk friskkværnet sort peber
- 2 kopper grøntsagsbouillon med lavt natriumindhold
- 2 mellemstore zucchinier, skåret ½ tomme tykke
- 2 kopper blomkål, delt i buketter
- 1 mellemstor aubergine, skåret i 1-tommers terninger
- 1 kop grønne oliven, halveret og udstenet
- 13,5 ounce (383 g) artiskokhjerter, drænet og delt i kvarte
- ½ kop hakkede friske korianderblade til pynt
- ½ kop naturlig græsk yoghurt (til dekoration)

- ½ kop hakket frisk flad persille til pynt

Titler:

Varm olivenolien op i en pande ved middel varme. Kom selleri og løg i gryden og svits i 6 minutter. Kom spidskommen, kanel, ingefær, hvidløg, rød peber, salt og sort peber i gryden og kog i yderligere 2 minutter, indtil duften forsvinder.

Hæld grøntsagsbouillonen i gryden og bring det i kog. Reducer varmen til lav og læg zucchini, blomkål og aubergine på bordet. Dæk til og kog i 30 minutter eller indtil grøntsagerne er møre. Tilsæt derefter oliven og artiskokhjerter til poolen og kog i yderligere 15 minutter. Hæld disse i en stor skål eller tagine og server med koriander, græsk yoghurt og persille.

Ernæring (pr. 100 gram): 312 kalorier 21,2 g fedt 9,2 g kulhydrater 6,1 g protein 813 mg natrium

Citrus jordnødder og asparges

Forberedelsestid: 10 minutter.

Spisetid: 10 minutter

Portioner: 4

Sværhedsgrad: Hårdt

Indhold:

- Skræl og saft af 2 klementiner eller 1 appelsin
- Skal og saft af 1 citron
- 1 spsk rødvinseddike
- 3 spsk ekstra jomfru olivenolie, delt
- 1 tsk salt, delt
- ¼ tsk friskkværnet sort peber
- ½ kop afskallede jordnødder
- 1 pund (454 g) friske asparges, hakket
- 1 spsk vand

Titler:

Bland klementin og citronskal og -saft, eddike, 2 spsk olivenolie, ½ tsk salt og sort peber. Bland godt. Hvis du lægger det til side, ignorerer du det.

Rist pistacienødder i en nonstick-gryde ved medium-høj varme i 2 minutter eller indtil de er gyldenbrune. Overfør de ristede pistacienødder til en ren arbejdsflade og skær dem i store tern.

Bland pistacienødder med citrusblanding. Hvis du lægger det til side, ignorerer du det.

Opvarm den resterende olivenolie i en nonstick-gryde over medium-høj varme. Kom aspargesene på panden og steg i 2 minutter, og tilsæt derefter det resterende salt. Tilsæt vandet til gryden. Reducer varmen til lav og dæk til. Kog i 4 minutter, indtil aspargesene er møre.

Tag aspargesene ud af panden på en stor tallerken. Hæld citrus- og pistacieblandingen over aspargesene. Overtræk godt inden servering.

Ernæring (pr. 100 gram): 211 kalorier 17,5 g fedt 3,8 g kulhydrater 5,9 g protein 901 mg natrium

Aubergine fyldt med tomater og persille

Forberedelsestid: 15 minutter.

Spisetid: 2 timer 10 minutter

Portioner: 6

Sværhedsgrad: medium

Indhold:

- ¼ kop ekstra jomfru olivenolie
- 3 små auberginer, skåret i halve på langs
- 1 tsk havsalt
- ½ tsk friskkværnet sort peber
- 1 stort gult løg, finthakket
- 4 fed hvidløg, hakket
- 15 ounce (425 g) hakkede tomater med juice
- ¼ kop frisk almindelig persille, finthakket

Titler:

Placer indsatsen i slowcookeren med 2 spsk olivenolie. Skær flere slidser i den afskårne side af auberginehalvdelene, så der er et ¼ tomme mellemrum mellem hver slids. Læg auberginehalvdelene med skindsiden nedad i slow cookeren. Drys med salt og peber.

Opvarm den resterende olivenolie i en nonstick-gryde over medium-høj varme. Tilsæt løg og hvidløg i gryden og steg i 3 minutter, eller indtil løget er gennemsigtigt.

Tilsæt persille og tomater til gryden med deres saft og drys med salt og peber. Kog i yderligere 5 minutter eller indtil de er møre. Fordel blandingen over auberginehalvdelene og hæld den i gryden med en ske.

Dæk til slow cookeren og kog på HIGH i 2 timer, indtil auberginen er mør. Kom auberginen over på en tallerken og lad den køle af et par minutter før servering.

Ernæring (pr. 100 gram): 455 kalorier 13 g fedt 14 g kulhydrater 14 g protein 719 mg natrium

ratatouille

Forberedelsestid: 15 minutter.

Tilberedningstid: 7 timer.

Portioner: 6

Sværhedsgrad: medium

Indhold:

- 3 spiseskefulde ekstra jomfru olivenolie
- 1 stor aubergine, skrællet og skåret i skiver
- 2 store løg, skåret i skiver
- 4 små zucchinier, skåret i skiver
- 2 grønne peberfrugter
- 6 store tomater skåret i halv tomme skiver
- 2 spsk frisk persille, finthakket
- 1 tsk tørret basilikum
- 2 fed hvidløg, finthakket
- 2 tsk havsalt
- ¼ tsk friskkværnet sort peber

Titel:

Fyld slow cooker-indsatsen med 2 spsk olivenolie. Læg grøntsager i skiver, i tern og skiver skiftevis på bakken til slow cookeren. Smør grøntsagerne med persille og smag til med basilikum, hvidløg, salt og peber. Dryp med den resterende olivenolie. Dæk til og kog på LAV i 7 timer, indtil grøntsagerne er møre. Læg grøntsagerne på et fad og server varmt.

Ernæring (pr. 100 gram): 265 kalorier 1,7 g fedt 13,7 g kulhydrater 8,3 g protein 800 mg natrium

gemist

Forberedelsestid: 15 minutter.

Tilberedningstid: 4 timer.

Portioner: 4

Sværhedsgrad: medium

Indhold:

- 2 spsk ekstra jomfru olivenolie
- 4 store peberfrugter (en hvilken som helst farve du ønsker)
- ½ kop rå couscous
- 1 tsk timian
- 1 fed hakket hvidløg
- 1 kop smuldret fetaost
- 1 dåse (15 oz/425 g) cannellinibønner, skyllet og drænet
- Peber og salt efter smag
- 1 skive citron
- 4 grønne løg, hvide og grønne dele adskilt, i tynde skiver

Titel:

Skær en ½-tommer skive fra toppen af peberfrugten, under stilken. Kassér kun stilkdelen, skær toppen af fra bunden af stilken og læg den i en skål. Fjern peberfrugten med en ske. Smør slowcookeren med olie.

Tilsæt de øvrige ingredienser, undtagen den grønne del af det grønne løg og citronskiver, på den hakkede peberfrugt. Bland godt.

Hæld blandingen i de udhulede peberfrugter og læg de fyldte peberfrugter i slowcookeren, og dryp derefter med lidt mere olivenolie.

Dæk til slow cookeren og kog på HIGH i 4 timer, eller indtil peberfrugterne er møre.

Fjern peberfrugterne fra slowcookeren og server på en tallerken. Inden servering drysses de grønne dele af det grønne løg og citronringene presses ovenpå.

Ernæring (pr. 100 gram): 246 kalorier 9 g fedt 6,5 g kulhydrat 11,1 g protein 698 mg natrium

Fyldte kålruller

Forberedelsestid: 15 minutter.

Tilberedningstid: 2 timer.

Portioner: 4

Sværhedsgrad: Hårdt

Indhold:

- 4 spsk olivenolie, delt
- 1 stor grønkål, udsået
- 1 stort gult løg, finthakket
- 3 ounce (85 g) fetaost, smuldret
- ½ kop tørrede ribs
- 3 kopper kogt perlebyg
- 2 spsk frisk persille, finthakket
- 2 spsk ristede pinjekerner
- ½ tsk havsalt
- ½ tsk sort peber
- 15 ounce (425 g) knuste tomater med juice
- 1 spsk æblecidereddike
- ½ kop æblejuice

Titler:

Pensl slow cooker-indsatsen med 2 spsk olivenolie. Kog kålen i en gryde med vand i 8 minutter. Fjern fra vandet og sæt til side, og adskil derefter 16 blade fra grønkålen. Hvis du lægger det til side, ignorerer du det.

Hæld den resterende olivenolie i en slip-let pande og varm op ved middel varme. Kom løget i gryden og steg indtil løg og peberfrugt er blødt. Overfør løget til en skål.

Kom fetaost, ribs, byg, persille og pinjekerner i skålen med de kogte løg og drys ¼ tsk salt og ¼ tsk sort peber på.

Læg grønkålsbladene på en ren arbejdsflade. Hæld 1/3 kop af blandingen i midten af hver tallerken, fold derefter kanten over blandingen og rul. Læg kålrullerne med sømsiden nedad i slowcookeren.

Bland de resterende ingredienser i en separat skål og hæld blandingen over kålrullerne. Dæk til slow cookeren og kog på HIGH i 2 timer. Tag kålrullerne ud af slowcookeren og server dem varme.

Ernæring (pr. 100 gram):383 kalorier 14,7 g fedt 12,9 g kulhydrater 10,7 g protein 838 mg natrium

Balsamico glaseret rosenkål

Forberedelsestid: 15 minutter.

Tilberedningstid: 2 timer.

Portioner: 6

Sværhedsgrad: medium

Indhold:

- Balsamico glasur:
- 1 kop balsamicoeddike
- ¼ kop honning
- 2 spsk ekstra jomfru olivenolie
- 2 pund (907 g) rosenkål, trimmet og halveret
- 2 kopper grøntsagsbouillon med lavt natriumindhold
- 1 tsk havsalt
- friskkværnet sort peber efter smag
- ¼ kop revet parmesanost
- ¼ kop pinjekerner

Titler:

Tilbered balsamico: Bland balsamico og honning i en gryde. Bland godt. Bring i kog ved middelhøj varme. Reducer varmen til lav og lad det simre i 20 minutter, eller indtil glasuren er reduceret til det halve og tyknet. Hæld lidt olivenolie i slow cookeren.

Læg rosenkålen, grøntsagsbouillonen og ½ tsk salt i slowcookeren og rør rundt. Dæk til slow cookeren og kog på HIGH i 2 timer, indtil rosenkålen er møre.

Læg rosenkålene på en tallerken og drys med det resterende salt og peber til krydring. Pensl rosenkål med balsamicoglasur, og server derefter med parmesan og pinjekerner.

Ernæring (pr. 100 gram): 270 kalorier 10,6 g fedt 6,9 g kulhydrater 8,7 g protein 693 mg natrium

Spinatsalat med citrussauce

Forberedelsestid: 10 minutter.

Spisetid: 0 minutter

Portioner: 4

Sværhedsgrad: Let

Indhold:

- Citrus sauce:
- ¼ kop ekstra jomfru olivenolie
- 3 spsk balsamicoeddike
- ½ tsk frisk citronskal
- ½ tsk salt
- Salat:
- 1 pund (454 g) babyspinat, vasket og stilke fjernet
- 1 stor moden tomat, skåret i ¼-tommers stykker
- 1 mellemstor rødløg, skåret i tynde skiver

Titler:

Forbered citrusdressingen: Pisk olivenolie, balsamicoeddike, citronskal og salt i en skål, indtil det er godt blandet.

Forbered salaten: Kom babyspinaten, tomaterne og løgene i en separat salatskål. Vend salaten med citrusdressingen og vend forsigtigt, indtil grøntsagerne er godt dækket.

Ernæring (pr. 100 gram): 173 kalorier 14,2 g fedt 4,2 g kulhydrater 4,1 g protein 699 mg natrium

Simpel selleri og appelsinsalat

Forberedelsestid: 15 minutter.

Spisetid: 0 minutter

Portioner: 6

Sværhedsgrad: Let

Indhold:

- Salat:
- 3 selleristængler, inklusive blade, skåret diagonalt i ½-tommers skiver
- ½ kop grønne oliven
- ¼ kop hakket rødløg
- 2 store appelsiner, skrællet og skåret i skiver
- Bandage:
- 1 spsk ekstra jomfru olivenolie
- 1 spsk citron- eller appelsinjuice
- 1 spsk olivenlage
- ¼ tsk hav- eller koshersalt
- ¼ tsk friskkværnet sort peber

Titler:

Tilberedning af salaten: Læg selleristænglen, grønne oliven, løg og appelsin i en lav skål. Bland godt og lad stå.

Tilberedning af saucen: Bland olivenolie, citronsaft, olivenolie, salt og peber grundigt.

Hæld dressingen i salatskålen og rør forsigtigt, indtil den er helt dækket.

Serveres koldt eller ved stuetemperatur.

Ernæring (pr. 100 gram): 24 kalorier 1,2 g fedt 1,2 g kulhydrat 1,1 g protein 813 mg natrium

stegt auberginerulle

Forberedelsestid: 20 minutter.

Spisetid: 10 minutter

Portioner: 6

Sværhedsgrad: medium

Indhold:

- 2 store auberginer
- 1 tsk salt
- 1 kop revet ricottaost
- 4 ounce (113 g) gedeost, revet
- ¼ kop finthakket frisk basilikum
- ½ tsk friskkværnet sort peber
- olivenolie spray

Titler:

Kom aubergineskiverne i en si og salt dem. Lad det sidde i 15-20 minutter.

Kombiner ricotta og gedeost, basilikum og sort peber i en stor skål og rør rundt. Hvis du lægger det til side, ignorerer du det. Dup aubergineskiverne tørre med køkkenrulle og spray let med olivenolie.

Varm en stor stegepande op over middel varme og spray let med olivenolie. Arranger aubergineskiverne i gryden og steg i 3 minutter på begge sider, indtil de er gyldenbrune.

Læg den på en tallerken beklædt med køkkenrulle, fjern den fra komfuret og lad den hvile i 5 minutter. Forbered auberginerullerne: Læg auberginskiverne på en flad arbejdsflade og top hver skive med en spiseskefuld af den tilberedte osteblanding. Saml og server straks.

Ernæring (pr. 100 gram): 254 kalorier 14,9 g fedt 7,1 g kulhydrater 15,3 g protein 612 mg natrium

Grillede grøntsager og skål med brune ris

Forberedelsestid: 15 minutter.

Spisetid: 20 minutter

Portioner: 4

Sværhedsgrad: medium

Indhold:

- 2 kopper blomkålsbuketter
- 2 kopper broccolibuketter
- 1 dåse (15 oz / 425 g) kikærter
- 1 kop gulerodsskiver (ca. 1 tomme tykke)
- 2-3 spsk opdelt ekstra jomfru olivenolie
- Salt og peber efter smag
- non-stick sprayolie
- 2 kopper kogte brune ris
- 3 spsk sesam
- <u>Bandage:</u>
- 3-4 spiseskefulde tahin
- 2 spiseskefulde honning
- saft af 1 citron
- 1 fed hakket hvidløg
- Salt og peber efter smag

Titler:

Forbered ovnen til 205 C. Spray to bageplader med nonstick madlavningsspray.

Læg blomkål og broccoli på den første bakke, og kikærter og gulerodsskiver på den anden bakke.

Dryp hvert stykke dej med halvdelen af olivenolien og drys med salt og peber. Kast for at belægge godt.

Rist kikærter og gulerodsskiver i den forvarmede ovn i 10 minutter, gør gulerødderne sprøde, og kog blomkål og broccoli i 20 minutter, indtil de er bløde. Rør dem en gang halvvejs i tilberedningstiden.

Tilbered imens saucen: Bland tahin, honning, citronsaft, hvidløg, salt og peber i en lille skål.

Fordel de kogte brune ris i fire skåle. Fordel hver skål jævnt med ristede grøntsager og sauce. Drys sesamfrø ovenpå til pynt inden servering.

Ernæring (pr. 100 gram): 453 kalorier 17,8 g fedt 11,2 g kulhydrater 12,1 g protein 793 mg natrium

Blomkål med hakkede gulerødder

Forberedelsestid: 10 minutter.

Spisetid: 10 minutter

Portioner: 4

Sværhedsgrad: Let

Indhold:

- 3 spiseskefulde ekstra jomfru olivenolie
- 1 stort løg finthakket
- 1 spsk hakket hvidløg
- 2 kopper hakkede gulerødder
- 4 kopper blomkålsbuketter
- ½ tsk stødt spidskommen
- 1 tsk salt

Titler:

Varm olivenolien op ved middel varme. Bland løg og hvidløg og steg i 1 minut. Tilsæt gulerødder og steg i 3 minutter. Tilsæt blomkålsbuketter, spidskommen og salt og rør rundt.

Dæk til og kog i 3 minutter, indtil de er let brunede. Bland godt og kog uden låg i 3-4 minutter, indtil det er blødt. Fjern fra varmen og server varm.

Ernæring (pr. 100 gram):158 kalorier 10,8 g fedt 5,1 g kulhydrater 3,1 g protein 813 mg natrium

Zucchini tern med hvidløg og mynte

Forberedelsestid: 5 minutter.

Spisetid: 10 minutter

Portioner: 4

Sværhedsgrad: Let

Indhold:

- 3 store grønne zucchinier
- 3 spiseskefulde ekstra jomfru olivenolie
- 1 stort løg finthakket
- 3 fed hvidløg, finthakket
- 1 tsk salt
- 1 tsk tørret mynte

Titler:

Varm olivenolien op i en stor gryde ved middel varme.

Rør løg og hvidløg i og sauter under konstant omrøring i 3 minutter eller indtil de er bløde.

Tilsæt squashterninger og salt og kog i 5 minutter, eller indtil squashen er gyldenbrun og blød.

Tilsæt mynten i gryden, rør rundt og kog i yderligere 2 minutter. Serveres varm.

Ernæring (pr. 100 gram): 146 kalorier 10,6 g fedt 3 g kulhydrater 4,2 g protein 789 mg natrium

Zucchini- og artiskokfad med faro

Forberedelsestid: 15 minutter.

Spisetid: 10 minutter

Portioner: 6

Sværhedsgrad: Let

Indhold:

- 1/3 kop ekstra jomfru olivenolie
- 1/3 kop hakket rødløg
- ½ kop hakket rød peberfrugt
- 2 fed hvidløg, finthakket
- 1 kop zucchini, skåret 1/2 tomme tykke
- ½ kop groft hakkede artiskokker
- ½ kop dåse kikærter, drænet og skyllet
- 3 kopper kogt faro
- Salt og peber efter smag
- ½ kop smuldret fetaost til servering (valgfrit)
- ¼ kop skivede oliven, til servering (valgfrit)
- 2 spsk frisk basilikum, chiffon, til servering (valgfrit)
- 3 spsk balsamicoeddike til servering (valgfrit)

Titler:

Varm olivenolien op i en stor gryde ved middel varme, indtil den skinner. Rør løg, peberfrugt og hvidløg i, og steg, under omrøring af og til, indtil det er blødt, 5 minutter.

Tilsæt zucchiniskiverne, artiskokkerne og kikærterne og kog indtil de er let bløde, cirka 5 minutter. Tilsæt den kogte faro og rør til den er gennemvarmet. Smag til med salt og peber.

Fordel blandingen i skåle. Fordel feta, skivede oliven og basilikum jævnt i hver skål og dryp eventuelt med balsamicoeddike.

Ernæring (pr. 100 gram): 366 kalorier 19,9 g fedt 9 g kulhydrater 9,3 g protein 819 mg natrium

5 ingredienser til zucchini-dej

Forberedelsestid: 15 minutter.

Spisetid: 5 min

Portioner: 14

Sværhedsgrad: medium

Indhold:

- 4 kopper revet zucchini
- salt efter smag
- 2 store æg, let pisket
- 1/3 kop hakket grønt løg
- 2/3 universalmel
- 1/8 tsk sort peber
- 2 spsk olivenolie

Titler:

Læg den revne zucchini i en si og salt let. Lad det sidde i 10 minutter. Fjern så meget væske som muligt fra den revne zucchini.

Hæld den revne zucchini i en skål. Tilsæt det sammenpiskede æg, forårsløg, mel, salt og peber og bland godt.

Varm olivenolien op i en stor gryde ved middel varme.

For at lave hver fritter, tilsæt 3 spiseskefulde zucchiniblanding til varm stegepande, ske forsigtigt og anbring dem med en afstand på ca. 2 tommer fra hinanden.

Kog i 2-3 minutter. Vend squashblandingen og kog i yderligere 2 minutter eller indtil de er gyldenbrune og gennemstegte.

Fjern fra varmen på en tallerken dækket med køkkenrulle. Gentag med den resterende zucchiniblanding. Serveres varm.

Ernæring (pr. 100 gram): 113 kalorier 6,1 g fedt 9 g kulhydrater 4 g protein 793 mg natrium

Marokkansk tagine med grøntsager

Forberedelsestid: 20 minutter.

Spisetid: 40 minutter

Portioner: 2

Sværhedsgrad: medium

Indhold:

- 2 spsk olivenolie
- ½ løg, hakket
- 1 fed hakket hvidløg
- 2 kopper blomkålsbuketter
- 1 mellemstor gulerod, skåret i 1-tommers stykker
- 1 kop hakket aubergine
- 1 dåse hel tomatjuice
- 1 dåse (15 oz / 425 g) kikærter
- 2 små røde kartofler
- 1 glas vand
- 1 tsk ren ahornsirup
- ½ tsk kanel
- ½ tsk gurkemeje
- 1 tsk spidskommen
- ½ tsk salt
- 1-2 tsk harissa pasta

Titler:

Varm olivenolien op i en pande ved middelhøj varme. Svits løget, under omrøring af og til, eller indtil løget er gennemsigtigt, 5 minutter.

Tilsæt hvidløg, blomkålsbuketter, gulerødder, aubergine, tomater og kartofler. Bræk tomaterne i mindre stykker med en træske.

Tilsæt kikærter, vand, ahornsirup, kanel, gurkemeje, spidskommen og salt og rør rundt. lad det koge

Når du er klar, reducer du varmen til medium-lav. Tilsæt harissa-pastaen, læg låg på og kog i cirka 40 minutter, eller indtil grøntsagerne er møre. Smag til og krydr efter smag. Lad den hvile inden servering.

Ernæring (pr. 100 gram): 293 kalorier 9,9 g fedt 12,1 g kulhydrater 11,2 g protein 811 mg natrium

Kikærte- og sellerisalatdressing

Forberedelsestid: 10 minutter.

Spisetid: 0 minutter

Portioner: 4

Sværhedsgrad: Let

Indhold:

- 1 dåse (15 oz/425 g) kikærter med lavt natriumindhold
- 1 stilk selleri, skåret i tynde skiver
- 2 spsk hakket rødløg
- 2 spsk usaltet tahin
- 3 spsk sennep og honning
- 1 spsk kapers, udrænet
- 12 smørsalatblade

Titler:

Mos kikærterne i en skål med en kartoffelmoser eller bagsiden af en gaffel, til de er næsten glatte. Tilsæt selleri, rødløg, tahini, sennep og kapers til skålen og rør, indtil det er godt blandet.

For hver servering placeres tre overlappende salatblade på en tallerken og ¼ af hummusfyldet hældes ovenpå, og derefter rulles sammen. Gentag med de andre salatblade og kikærteblandingen.

Ernæring (pr. 100 gram): 182 kalorier 7,1 g fedt 3 g kulhydrater 10,3 g protein 743 mg natrium

Grillede grøntsagsspyd

Forberedelsestid: 15 minutter.

Spisetid: 10 minutter

Portioner: 4

Sværhedsgrad: Let

Indhold:

- 4 mellemstore rødløg, pillede og skåret i 6 skiver
- 4 mellemstore zucchinier, skåret i 1-tommer tykke skiver
- 2 kalvetomater, skåret i kvarte
- 4 røde peberfrugter
- 2 orange peberfrugter
- 2 gule peberfrugter
- 2 spsk plus 1 tsk olivenolie

Titler:

Forvarm grillen til medium-høj varme. Prik grøntsagerne skiftevis med rødløg, zucchini, tomat og forskellige farvede peberfrugter. Pensl med 2 spsk olivenolie.

Smør grillristene med 1 tsk olivenolie og grill grøntsagsspydene i 5 minutter. Vend spyddene og grill i yderligere 5 minutter, eller indtil de når den ønskede færdighed. Lad spyddene køle af i 5 minutter inden servering.

Ernæring (pr. 100 gram): 115 kalorier 3 g fedt 4,7 g kulhydrater 3,5 g protein 647 mg natrium

Fyldte Portobello-svampe med tomater

Forberedelsestid: 10 minutter.

Spisetid: 15 minutter

Portioner: 4

Sværhedsgrad: medium

Indhold:

- 4 store portobellosvampehatte
- 3 spiseskefulde ekstra jomfru olivenolie
- Salt og peber efter smag
- 4 tørrede tomater
- 1 kop revet mozzarellaost, delt
- ½ til ¾ kop tomatsauce med lavt natriumindhold

Titler:

Forvarm grillen over høj varme. Læg svampehætterne på en bageplade dækket med bagepapir og drys med olivenolie. Tilsæt salt og peber. Grill svampehætterne, vend dem halvvejs, indtil toppen er gyldenbrun, 10 minutter.

Fjern fra grillen. Hæld 1 tomat, 2 spsk ost og 2-3 spsk sauce over hver svampehætte. Sæt svampehætterne tilbage på grillen og fortsæt med at grille i 2-3 minutter. Lad afkøle i 5 minutter før servering.

Ernæring (pr. 100 gram): 217 kalorier 15,8 g fedt 9 g kulhydrater 11,2 g protein 793 mg natrium

Visne mælkebøtteblade med søde løg

Forberedelsestid: 15 minutter.

Spisetid: 15 minutter

Portioner: 4

Sværhedsgrad: Let

Indhold:

- 1 spsk ekstra jomfru olivenolie
- 2 fed hvidløg, finthakket
- 1 Vidalia løg, skåret i tynde skiver
- ½ kop grøntsagsbouillon med lavt natriumindhold
- 2 bundter mælkebøtteblade, hakket
- friskkværnet sort peber efter smag

Titler:

Varm olivenolien op i en stor pande ved lav varme. Tilsæt hvidløg og løg og steg under omrøring af og til, eller indtil løget er gennemsigtigt, 2 til 3 minutter.

Tilsæt grøntsagsbouillon og mælkebøttegrønt og kog under jævnlig omrøring, indtil det er blødt, 5 til 7 minutter. Drys sort peber på og server på en varm tallerken.

Ernæring (pr. 100 gram): 81 kalorier 3,9 g fedt 4 g kulhydrater 3,2 g protein 693 mg natrium

Selleri og sennepsgrønt

Forberedelsestid: 10 minutter.

Spisetid: 15 minutter

Portioner: 4

Sværhedsgrad: medium

Indhold:

- ½ kop grøntsagsbouillon med lavt natriumindhold
- 1 selleri stilk, groft hakket
- ½ sødt løg finthakket
- ½ stor rød peberfrugt, skåret i tynde skiver
- 2 fed hvidløg, finthakket
- 1 bundt sennepsgrønt, hakket

Titler:

Hæld grøntsagsbouillonen i en stor støbejernsgryde og bring det i kog ved middel varme. Tilsæt selleri, løg, peberfrugt og hvidløg. Kog uden låg i cirka 3-5 minutter.

Tilsæt sennepsgrønt til gryden og bland godt. Skru ned for varmen og lad det simre indtil væsken fordamper og grøntsagerne er møre. Fjern fra varmen og server varm.

Ernæring (pr. 100 gram): 39 kalorier 3,1 g protein 6,8 g kulhydrat 3 g protein 736 mg natrium

Røræg med grøntsager og tofu

Forberedelsestid: 5 minutter.

Spisetid: 10 minutter

Portioner: 2

Sværhedsgrad: Let

Indhold:

- 2 spsk ekstra jomfru olivenolie
- ½ rødløg, finthakket
- 1 kop hakket kål
- 8 ounce (227 g) svampe, skåret i skiver
- 8 ounce (227 g) tofu, hakket
- 2 fed hvidløg, finthakket
- 1 knivspids rød peberflager
- ½ tsk havsalt
- 1/8 tsk friskkværnet sort peber

Titler:

Opvarm olivenolien i en medium nonstick-gryde over medium-høj varme, indtil den skinner. Kom løg, kål og svampe i gryden. Kog og rør sporadisk, eller indtil grøntsagerne begynder at blive brune.

Tilsæt tofu og kog i 3-4 minutter, indtil den er blød. Tilsæt hvidløg, chilipeber, salt og peber og steg i 30 sekunder. Lad den hvile inden servering.

Ernæring (pr. 100 gram): 233 kalorier 15,9 g fedt 2 g kulhydrater 13,4 g protein 733 mg natrium

simple zoodles

Forberedelsestid: 10 minutter.

Spisetid: 5 min

Portioner: 2

Sværhedsgrad: Let

Indhold:

- 2 spsk avocadoolie
- 2 mellemstore zucchinier, spiralformede
- ¼ tsk salt
- friskkværnet sort peber efter smag

Titler:

Opvarm avocadoolien i en stor gryde ved middel varme, indtil den skinner. Tilsæt zucchininudler, salt og peber til gryden og vend dem til belægning. Kog, under konstant omrøring, indtil de er bløde. Serveres varm.

Ernæring (pr. 100 gram): 128 kalorier 14 g fedt 0,3 g kulhydrat 0,3 g protein 811 mg natrium

Linser og tomatspire wraps

Forberedelsestid: 15 minutter.

Spisetid: 0 minutter

Portioner: 4

Sværhedsgrad: Let

Indhold:

- 2 kopper kogte linser
- 5 hakkede romatomater
- ½ kop smuldret fetaost
- 10 store friske basilikumblade, skåret i tynde skiver
- ¼ kop ekstra jomfru olivenolie
- 1 spsk balsamicoeddike
- 2 fed hvidløg, finthakket
- ½ tsk rå honning
- ½ tsk salt
- ¼ tsk friskkværnet sort peber
- 4 store grønkålsblade, stilke fjernet

Titler:

Kombiner linser, tomater, ost, basilikumblade, olivenolie, eddike, hvidløg, honning, salt og peber og bland godt.

Læg grønkålsbladene på en flad arbejdsflade. Hæld en lige stor mængde af linseblandingen rundt om kanterne af bladene. Lav en rulle, del den i to og server.

Ernæring (pr. 100 gram): 318 kalorier 17,6 g fedt 27,5 g kulhydrater 13,2 g protein 800 mg natrium

Middelhavs grøntsagstallerken

Forberedelsestid: 10 minutter.

Spisetid: 20 minutter

Portioner: 4

Sværhedsgrad: medium

Indhold:

- 2 glas vand
- 1 kop #3 bulgur eller quinoa, skyllet
- 1½ tsk salt, delt
- 1 pint (2 kopper) cherrytomater, halveret
- 1 stor peberfrugt, hakket
- 1 stor agurk, hakket
- 1 kop Kalamata oliven
- ½ kop friskpresset citronsaft
- 1 glas ekstra jomfru olivenolie
- ½ tsk friskkværnet sort peber

Titler:

Bring vandet i kog i en mellemstor gryde ved middel varme. Tilsæt bulgur (eller quinoa) og 1 tsk salt. Luk låget og kog i 15-20 minutter.

For at arrangere grøntsager i 4 skåle skal du visuelt dele hver skål i 5 stykker. Arranger den kogte bulgur i ét stykke. Tilsæt derefter tomater, peberfrugt, agurker og oliven.

Rør citronsaft, olivenolie, resterende ½ tsk salt og sort peber i.

Hæld saucen jævnt over 4 skåle. Server med det samme eller dæk til og stil på køl til senere brug.

Ernæring (pr. 100 gram): 772 kalorier 9 g fedt 6 g protein 41 g kulhydrat 944 mg natrium

Ristede grøntsager og hummus wrap

Forberedelsestid: 15 minutter.

Spisetid: 10 minutter

Portioner: 6

Sværhedsgrad: medium

Indhold:

- 1 stor aubergine
- 1 stort løg
- ½ kop ekstra jomfru olivenolie
- 1 tsk salt
- 6 lavash ruller eller store pitabrød
- 1 kop cremet traditionel hummus

Titler:

Opvarm en grill, stor grillpande eller let olieret stor stegepande over medium varme. Skær aubergine og løg i ringe. Pensl grøntsagerne med olivenolie og drys med salt.

Steg grøntsagerne i cirka 3-4 minutter på hver side. For at forberede wrap, spred lavash eller pitabrød. Hæld cirka 2 spsk hummus i indpakningen.

Fordel grøntsagerne jævnt på den ene side af indpakningen. Fold forsigtigt kanten af indpakningen med grøntsagerne, læg den ind og lav en stram indpakning.

Læg wrap-sømmen med forsiden nedad og klip i halve eller tredjedele.

Du kan også pakke hver sandwich ind i plastfolie for at bevare formen til senere indtagelse.

Ernæring (pr. 100 gram): 362 kalorier 10 g fedt 28 g kulhydrater 15 g protein 736 mg natrium

spanske grønne bønner

Forberedelsestid: 10 minutter.

Spisetid: 20 minutter

Portioner: 4

Sværhedsgrad: Let

Indhold:

- ¼ kop ekstra jomfru olivenolie
- 1 stort løg finthakket
- 4 fed finthakket hvidløg
- 1 pund grønne bønner, friske eller frosne, hakkede
- 1½ tsk salt, delt
- 1 dåse (15 oz.) hakkede tomater
- ½ tsk friskkværnet sort peber

Titler:

Varm olivenolie, løg og hvidløg op; Kog i 1 minut. Skær grønne bønner i 2-tommer stykker. Tilsæt grønne bønner og 1 tsk salt til gryden og rør rundt; Kog i 3 minutter. Tilsæt hakkede tomater, resterende 1/2 tsk salt og sort peber. Fortsæt med at lave mad i yderligere 12 minutter, og rør af og til. Serveres varm.

Ernæring (pr. 100 gram): 200 kalorier 12 g fedt 18 g kulhydrater 4 g protein 639 mg natrium

Rustik kogt blomkål og gulerødder

Forberedelsestid: 10 minutter.

Spisetid: 10 minutter

Portioner: 4

Sværhedsgrad: Let

Indhold:

- 3 spiseskefulde ekstra jomfru olivenolie
- 1 stort løg finthakket
- 1 spsk hakket hvidløg
- 2 kopper hakkede gulerødder
- 4 kopper blomkålsstykker, vasket
- 1 tsk salt
- ½ tsk stødt spidskommen

Titler:

Kog olivenolie, løg, hvidløg og gulerødder i 3 minutter. Skær blomkål i 1-tommers eller mundrette stykker. Tilsæt blomkål, salt og spidskommen på panden og vend sammen med gulerødder og løg.

Luk låget og kog i 3 minutter. Tilsæt grøntsagerne og kog i yderligere 3-4 minutter. Serveres varm.

Ernæring (pr. 100 gram): 159 kalorier 17 g fedt 15 g kulhydrat 3 g protein 569 mg natrium

Brændt blomkål og tomater

Forberedelsestid: 5 minutter.

Spisetid: 25 minutter

Portioner: 4

Sværhedsgrad: medium

Indhold:

- 4 kopper blomkål, skåret i 1-tommers stykker
- 6 spsk ekstra jomfru olivenolie, delt
- 1 tsk salt, delt
- 4 kopper cherrytomater
- ½ tsk friskkværnet sort peber
- ½ kop revet parmesanost

Titler:

Forvarm ovnen til 425°F. Tilsæt blomkål, 3 spsk olivenolie og ½ tsk salt til en stor skål og vend det jævnt. Læg i et jævnt lag på en bageplade beklædt med bagepapir.

Tilsæt tomaterne, de resterende 3 spsk olivenolie og ½ tsk salt i en anden stor skål, og vend tomaterne jævnt. Hæld i en anden bakke. Sæt blomkål og tomatblade i ovnen og steg i 17-20 minutter, indtil blomkålen er let brunet og tomaterne er fyldige.

Læg blomkålen på en tallerken med en spatel og top med tomater, sort peber og parmesanost. Serveres varm.

Ernæring (pr. 100 gram): 294 kalorier 14 g fedt 13 g kulhydrater 9 g protein 493 mg natrium

Ristet Acorn Squash

Forberedelsestid: 10 minutter.

Spisetid: 35 minutter

Portioner: 6

Sværhedsgrad: medium

Indhold:

- 2 zucchinier, mellemstore til store
- 2 spsk ekstra jomfru olivenolie
- 1 tsk salt, plus mere til krydderier
- 5 spsk usaltet smør
- ¼ kop hakkede salvieblade
- 2 spsk friske timianblade
- ½ tsk friskkværnet sort peber

Titler:

Forvarm ovnen til 400 F. Skær agern squash i halve på langs. Skrab frøene ud og skær dem vandret i ¾-tommer tykke skiver. I en stor skål overhældes zucchinien med olivenolie, drysses med salt og blandes.

Læg agern-squashene på en bageplade. Sæt bagepladen i ovnen og bag græskarret i 20 minutter. Vend græskarret med en spatel og bag i yderligere 15 minutter.

I en mellemstor gryde smeltes smørret over medium varme. Tilsæt salvie og timian til smeltet smør og kog i 30 sekunder. Anret de kogte squashskiver på tallerkenen. Hæld smør/urteblandingen over squashen. Smag til med salt og sortpeber. Serveres varm.

Ernæring (pr. 100 gram): 188 kalorier 13 g fedt 16 g kulhydrat 1 g protein 836 mg natrium

Brændt spinat med hvidløg

Forberedelsestid: 5 minutter.

Spisetid: 10 minutter

Portioner: 4

Sværhedsgrad: Let

Indhold:

- ¼ kop ekstra jomfru olivenolie
- 1 stort rødløg, skåret i tynde skiver
- 3 fed hvidløg, finthakket
- 6 poser (1 pund) babyspinat, skyllet
- ½ tsk salt
- 1 citron skåret i skiver

Titler:

Steg olivenolie, løg og hvidløg i en stor stegepande ved middel varme i 2 minutter. Tilsæt en pose spinat og ½ tsk salt. Dæk gryden til og lad spinaten køle af i 30 sekunder. Gentag, og tilsæt 1 pose spinat ad gangen (udelad saltet).

Når al spinaten er tilsat, tages låget af og koges i 3 minutter, så noget af væden kan fordampe. Serveres varm ved at drysse citronskal på toppen.

Ernæring (pr. 100 gram): 301 kalorier 12 g fedt 29 g kulhydrater 17 g protein 639 mg natrium

Brændt zucchini med hvidløgsmynte

Forberedelsestid: 5 minutter.

Spisetid: 10 minutter

Portioner: 4

Sværhedsgrad: Let

Indhold:

- 3 store grønne zucchinier
- 3 spiseskefulde ekstra jomfru olivenolie
- 1 stort løg finthakket
- 3 fed hvidløg, finthakket
- 1 tsk salt
- 1 tsk tørret mynte

Titler:

Skær zucchinien i halv tomme tern. Kog olivenolie, løg og hvidløg i 3 minutter under konstant omrøring.

Tilsæt zucchini og salt i gryden, bland med løg og hvidløg og steg i 5 minutter. Tilsæt mynte til gryden og bland. Kog i yderligere 2 minutter. Serveres varm.

Ernæring (pr. 100 gram): 147 kalorier 16 g fedt 12 g kulhydrat 4 g protein 723 mg natrium

dampet okra

Forberedelsestid: 55 minutter

Spisetid: 25 minutter

Portioner: 4

Sværhedsgrad: Let

Indhold:

- ¼ kop ekstra jomfru olivenolie
- 1 stort løg finthakket
- 4 fed finthakket hvidløg
- 1 tsk salt
- 1 pund frisk eller frossen okra, renset
- 1 dåse (15 oz.) almindelig tomatsauce
- 2 glas vand
- ½ kop frisk koriander, hakket
- ½ tsk friskkværnet sort peber

Titler:

Bland olivenolie, løg, hvidløg og salt og steg i 1 minut. Tilsæt okra og kog i 3 minutter.

Tilsæt tomatsauce, vand, koriander og sort peber; rør rundt, læg låg på og kog i 15 minutter under omrøring af og til. Serveres varm.

Ernæring (pr. 100 gram): 201 kalorier 6 g fedt 18 g kulhydrat 4 g protein 693 mg natrium

Søde grøntsagsfyldte peberfrugter

Forberedelsestid: 20 minutter.

Spisetid: 30 minutter

Portioner: 6

Sværhedsgrad: medium

Indhold:

- 6 store peberfrugter (forskellige farver)
- 3 spiseskefulde ekstra jomfru olivenolie
- 1 stort løg finthakket
- 3 fed hvidløg, finthakket
- 1 finthakket gulerod
- 1 dåse (16 oz.) kikærter, skyllet og drænet
- 3 kopper kogte ris
- 1½ tsk salt
- ½ tsk friskkværnet sort peber

Titler:

Forvarm ovnen til 350°F. Vær omhyggelig med at vælge peberfrugt, der kan stå oprejst. Skær hætterne af peberfrugterne, fjern kernerne og gem dem til senere brug. Arranger peberfrugterne på bagepladen.

Varm olivenolie, løg, hvidløg og gulerod i 3 minutter. Tilsæt kikærter. Kog i yderligere 3 minutter. Tag gryden af komfuret og hæld de kogte ingredienser i en stor skål. Tilsæt ris, salt og peber; blande.

Fyld hver peberfrugt ovenpå, og sæt derefter peberhætterne på igen. Dæk pladen med aluminiumsfolie og bag i 25 minutter. Fjern folien og bag i yderligere 5 minutter. Serveres varm.

Ernæring (pr. 100 gram): 301 kalorier 15 g fedt 50 g kulhydrat 8 g protein 803 mg natrium

Aubergine Moussaka

Forberedelsestid: 55 minutter

Spisetid: 40 minutter

Portioner: 6

Sværhedsgrad: Hårdt

Indhold:

- 2 store auberginer
- 2 tsk salt, delt
- olivenolie spray
- ¼ kop ekstra jomfru olivenolie
- 2 store løg, skåret i skiver
- 10 fed hvidløg, skåret i skiver
- 2 (15-ounce) dåser hakkede tomater
- 1 dåse (16 oz.) kikærter, skyllet og drænet
- 1 tsk tørret timian
- ½ tsk friskkværnet sort peber

Titler:

Skær auberginen vandret i ¼ tomme tykke runde skiver. Drys 1 tsk salt på aubergineskiverne og lad dem stå i et dørslag i 30 minutter.

Forvarm ovnen til 450°F. Dup aubergineskiverne tørre med køkkenrulle og sprøjt eller pensl dem let med olivenolie på begge sider.

Læg auberginen i et enkelt lag på en bageplade. Sæt i ovnen og bag i 10 minutter. Vend derefter skiverne med en spatel og bag dem i yderligere 10 minutter.

Sauter i olivenolie, løg, hvidløg og den resterende teskefuld salt. Kog i 5 minutter, rør af og til. Tilsæt tomater, kikærter, timian og sort peber. Kog ved lav varme i 12 minutter, rør af og til.

I en dyb ildfast fad skal du begynde at lægge lag, begynde med aubergine og arbejde dig op til saucen. Gentag indtil alle ingredienser er brugt. Bages i ovnen i 20 minutter. Tag ud af ovnen og server varm.

Ernæring (pr. 100 gram): 262 kalorier 11 g fedt 35 g kulhydrater 8 g protein 723 mg natrium

Fyldte drueblade med grøntsager

Forberedelsestid: 50 minutter.

Spisetid: 45 minutter

Portioner: 8

Sværhedsgrad: medium

Indhold:

- 2 kopper hvide ris, skyllet
- 2 store tomater, hakkede
- 1 stort løg, finthakket
- 1 grønt løg finthakket
- 1 kop frisk italiensk persille, finthakket
- 3 fed hvidløg, finthakket
- 2½ teskefulde salt
- ½ tsk friskkværnet sort peber
- 1 krukke (16 oz.) drueblade
- 1 glas citronsaft
- ½ kop ekstra jomfru olivenolie
- 4-6 glas vand

Titler:

Bland ris, tomater, løg, grønt løg, persille, hvidløg, salt og peber. Dræn og skyl vindruebladene. Forbered en stor gryde ved at lægge et lag vinblade på bunden. Læg hvert blad ned og klip stilken.

Læg 2 spiseskefulde risblanding under hvert blad. Fold siderne ind og pak så tæt som muligt. Placer de indpakkede vindrueblade i skålen, på linje med hvert indpakket drueblad. Fortsæt med at folde de indpakkede drueblade.

Hæld forsigtigt citronsaft og olivenolie over druebladene og tilsæt nok vand til at dække druebladene med 1 tomme. Læg en tyk tallerken, mindre end åbningen af gryden, på hovedet på druebladene. Dæk gryden til og kog bladene ved middel-lav varme i 45 minutter. Lad det sidde i 20 minutter før servering. Serveres varm eller kold.

Ernæring (pr. 100 gram): 532 kalorier 15 g fedt 80 g kulhydrat 12 g protein 904 mg natrium

ristet auberginerulle

Forberedelsestid: 30 minutter.

Spisetid: 10 minutter

Portioner: 6

Sværhedsgrad: medium

Indhold:

- 2 store auberginer
- 1 tsk salt
- 4 ounce gedeost
- 1 kop ricotta
- ¼ kop frisk basilikum, hakket
- ½ tsk friskkværnet sort peber
- olivenolie spray

Titler:

Skær den øverste del af auberginen af og skær den på langs, en halv centimeter tyk. Drys skiverne med salt og lad auberginen stå i et dørslag i 15-20 minutter.

Pisk gedeost, ricotta, basilikum og peber i. Forvarm grillen, grillpanden eller let olieret stegepande over medium varme. Dup aubergineskiverne tørre og sprøjt let med olivenolie. Læg auberginen på grillen, stegepanden eller stegepanden og steg i 3 minutter på hver side.

Fjern auberginen fra komfuret og lad den køle af i 5 minutter. Til rullen lægges aubergineskiven fladt, hældes en spiseskefuld af osteblandingen under skiven og rulles. Server straks eller stil på køl indtil servering.

Ernæring (pr. 100 gram): 255 kalorier 7 g fedt 19 g kulhydrater 15 g protein 793 mg natrium

Sprødt zucchini wienerbrød

Forberedelsestid: 15 minutter.

Spisetid: 20 minutter

Portioner: 6

Sværhedsgrad: Let

Indhold:

- 2 store grønne zucchinier
- 2 spsk italiensk persille, finthakket
- 3 fed hvidløg, finthakket
- 1 tsk salt
- 1 kop mel
- 1 stort æg, pisket
- ½ glas vand
- 1 tsk bagepulver
- 3 kopper vegetabilsk eller avocadoolie

Titler:

Riv zucchinien i en stor skål. Tilsæt persille, hvidløg, salt, mel, æg, vand og bagepulver i skålen og bland. I en stor gryde eller frituregryde opvarmes olie over medium varme til 365°F.

Drop den stegte dej, en ske ad gangen, i den varme olie. Vend fritterne med en hulske, og steg dem gyldenbrune, 2-3 minutter. Dræn kartoflerne fra olien og læg dem på en tallerken beklædt med køkkenrulle. Serveres varm som dip med cremet tzatziki eller cremet traditionel hummus.

Ernæring (pr. 100 gram):446 kalorier 2 g fedt 19 g kulhydrat 5 g protein 812 mg natrium

ostespinatkage

Forberedelsestid: 20 minutter.

Spisetid: 40 minutter

Portioner: 8

Sværhedsgrad: Hårdt

Indhold:

- 2 spsk ekstra jomfru olivenolie
- 1 stort løg finthakket
- 2 fed hvidløg, finthakket
- 3 poser (1 pund) babyspinat, skyllet
- 1 kop hvid ost
- 1 stort æg, pisket
- butterdejsplader

Titler:

Forvarm ovnen til 375°F. Varm olivenolie, løg og hvidløg op i 3 minutter. Tilsæt spinaten i gryden en ad gangen, så den visner mellem hver pose. Bland med en pincet. Kog i 4 minutter. Når spinaten er kogt, skal du klemme overskydende væske ud af gryden.

I en stor skål blandes fetaost, æg og kogt spinat. Læg butterdejen på arbejdsfladen. Skær dejen i 3-tommer firkanter. Læg en spiseskefuld af spinatblandingen i midten af butterdejen. Fold det ene hjørne af firkanten diagonalt mod hjørnet for at skabe en trekant. Tryk kagens kanter sammen med tænderne på en gaffel. Gentag processen indtil alle firkanterne er fyldt.

Læg muffinsene på en bageplade beklædt med bagepapir og bag dem i 25-30 minutter eller indtil de er gyldenbrune. Serveres lun eller ved stuetemperatur.

Ernæring (pr. 100 gram): 503 kalorier 6 g fedt 38 g kulhydrater 16 g protein 836 mg natrium

agurkebid

Forberedelsestid: 5 minutter.

Spisetid: 0 minutter

Portioner: 12

Sværhedsgrad: Let

Indhold:

- 1 skåret agurk
- 8 skiver fuldkornsbrød
- 2 spsk flødeost, blød
- 1 spsk hakket purløg
- ¼ kop avocado, skrællet, frøet og pureret
- 1 tsk sennep
- Salt og peber efter smag

Titler:

Fordel den mosede avocado på hver brødskive, fordel de resterende ingredienser undtagen agurkeskiverne.

Fordel agurkeskiverne mellem brødskiverne, skær hver skive i tre, anret på en tallerken og server som forret.

Ernæring (pr. 100 gram): 187 kalorier 12,4 g fedt 4,5 g kulhydrater 8,2 g protein 736 mg natrium

yoghurt sauce

Forberedelsestid: 10 minutter.

Spisetid: 0 minutter

Portioner: 6

Sværhedsgrad: Let

Indhold:

- 2 kopper græsk yoghurt
- 2 spsk ristede og hakkede jordnødder
- En knivspids salt og hvid peber.
- 2 spsk pulveriseret mynte
- 1 spsk kalamata oliven, udstenede og hakkede
- ¼ kop krydret zaatar
- ¼ kop granatæblekerner
- 1/3 kop olivenolie

Titler:

Bland yoghurt, pistacienødder og øvrige ingredienser, bland godt, del i små glas og server med pitabrød.

Ernæring (pr. 100 gram): 294 kalorier 18 g fedt 2 g kulhydrat 10 g protein 593 mg natrium

tomat bruschetta

Forberedelsestid: 10 minutter.

Spisetid: 10 minutter

Portioner: 6

Sværhedsgrad: Let

Indhold:

- 1 baguette, skåret i skiver
- 1/3 kop hakket basilikum
- 6 tomater, hakkede
- 2 fed hvidløg, finthakket
- En knivspids salt og peber.
- 1 tsk olivenolie
- 1 spsk balsamicoeddike
- ½ tsk hvidløgspulver
- madlavningsspray

Titler:

Læg baguetteskiver på en bageplade beklædt med bagepapir og beklæd med madlavningsspray. Bages ved 400 grader i 10 minutter.

Bland tomaterne med basilikum og andre ingredienser, bland godt og lad det trække i 10 minutter. Fordel tomatblandingen mellem hver baguetteskive, læg på et fad og server.

Ernæring (pr. 100 gram): 162 kalorier 4 g fedt 29 g kulhydrat 4 g protein 736 mg natrium

Tomater fyldt med oliven og ost

Forberedelsestid: 10 minutter.

Spisetid: 0 minutter

Portioner: 24

Sværhedsgrad: Let

Indhold:

- Skær toppen af 24 cherrytomater af og fjern indmaden
- 2 spsk olivenolie
- ¼ tsk rød peberflager
- ½ kop fetaost, smuldret
- 2 spsk sort olivenpasta
- ¼ kop mynte, revet

Titler:

I en skål blandes olivenpastaen med de øvrige ingredienser undtagen cherrytomater og blandes godt. Fyld cherrytomaterne med denne blanding, kom dem i en skål og server som forret.

Ernæring (pr. 100 gram): 136 kalorier 8,6 g fedt 5,6 g kulhydrater 5,1 g protein 648 mg natrium

peber tape

Forberedelsestid: 10 minutter.

Spisetid: 0 minutter

Portioner: 4

Sværhedsgrad: Let

Indhold:

- 7 ounce ristet rød peberfrugt, hakket
- ½ kop revet parmesan
- 1/3 kop hakket persille
- 14 ounce artiskokker på dåse, drænet og hakket
- 3 spiseskefulde olivenolie
- ¼ kop kapers, drænet
- 1 og ½ spsk citronsaft
- 2 fed hvidløg, finthakket

Titler:

I en blender, kombiner paprika med parmesan og andre ingredienser og puls godt. Fordel mellem glas og server som snack.

Ernæring (pr. 100 gram): 200 kalorier 5,6 g fedt 12,4 g kulhydrater 4,6 g protein 736 mg natrium

koriander falafel

Forberedelsestid: 10 minutter.

Spisetid: 10 minutter

Portioner: 8

Sværhedsgrad: Let

Indhold:

- 1 kop dåse kikærter
- 1 bundt persilleblade
- 1 gult løg finthakket
- 5 fed hakket hvidløg
- 1 tsk stødt koriander
- En knivspids salt og peber.
- ¼ teskefuld varm peber
- ¼ teskefuld bagepulver
- ¼ tsk spidskommen pulver
- 1 tsk citronsaft.
- 3 spsk tapiokamel
- olivenolie til stegning

Titler:

I en foodprocessor kombineres bønnerne med persille, løg og alle andre ingredienser undtagen olie og mel og blandes godt. Hæld blandingen i en skål, tilsæt melet, bland godt, form 16 små kugler af denne blanding og flad den lidt.

Varm gryden op over medium-høj varme, tilsæt falafelhalvdelene, steg i 5 minutter på hver side, læg på køkkenrulle, hæld overskydende olie fra, læg på en tallerken og server som forret.

Ernæring (pr. 100 gram): 122 kalorier 6,2 g fedt 12,3 g kulhydrater 3,1 g protein 699 mg natrium

rød peberhummus

Forberedelsestid: 10 minutter.

Spisetid: 0 minutter

Portioner: 6

Sværhedsgrad: Let

Indhold:

- 6 ounce ristet rød peber, skrællet og hakket
- 16 ounce dåse kikærter, drænet og skyllet
- ¼ kop græsk yoghurt
- 3 spsk tahini pasta
- saft af 1 citron
- 3 fed hvidløg, finthakket
- 1 spsk olivenolie
- En knivspids salt og peber.
- 1 spsk hakket persille

Titler:

I en foodprocessor, kom paprikaen sammen med de resterende ingredienser undtagen olie og persille og puls det godt. Tilsæt olien, bland igen, del i glas, drys persille på toppen og server som et halvt klæde.

Ernæring (pr. 100 gram): 255 kalorier 11,4 g fedt 17,4 g kulhydrater 6,5 g protein 593 mg natrium

hvid bønnesauce

Forberedelsestid: 10 minutter.

Spisetid: 0 minutter

Portioner: 4

Sværhedsgrad: Let

Indhold:

- 15 ounce dåse navy bønner, drænet og skyllet
- 6 ounce artiskokhjerter på dåse, drænet og delt i kvarte
- 4 fed hvidløg, hakket
- 1 spsk hakket basilikum
- 2 spsk olivenolie
- saft af ½ citron
- ½ revet citronskal
- Salt og peber efter smag

Titler:

Kombiner bønner med artiskokker og andre ingredienser undtagen olie og bælgfrugter i en foodprocessor. Tilsæt langsomt olien, tryk blandingen igen, del i glas og server som sauce.

Ernæring (pr. 100 gram): 27 kalorier 11,7 g fedt 18,5 g kulhydrater 16,5 g protein 668 mg natrium

Hummus med hakket lammekød

Forberedelsestid: 10 minutter.

Spisetid: 15 minutter

Portioner: 8

Sværhedsgrad: Let

Indhold:

- 10 ounce hummus
- 12 oz hakket lam
- ½ kop granatæblekerner
- ¼ kop hakket persille
- 1 spsk olivenolie
- Server med pita chips

Titler:

Varm gryden op over medium-høj varme, tilsæt kødet og steg i 15 minutter under jævnlig omrøring. Fordel hummusen på en tallerken, drys med hakket lammekød, drys med granatæblekerner og persille og server som snack med pitachips.

Ernæring (pr. 100 gram): 133 kalorier 9,7 g fedt 6,4 g kulhydrater 5,4 g protein 659 mg natrium

aubergine sauce

Forberedelsestid: 10 minutter.

Spisetid: 40 minutter

Portioner: 4

Sværhedsgrad: Let

Indhold:

- 1 aubergine, skåret i små stykker med en gaffel
- 2 spsk tahini pasta
- 2 spsk citronsaft
- 2 fed hvidløg, finthakket
- 1 spsk olivenolie
- Salt og peber efter smag
- 1 spsk hakket persille

Titler:

Læg auberginen i en bageform, bag ved 400 F i 40 minutter, afkøl, skræl og overfør til foodprocessoren. Blend de øvrige ingredienser undtagen persille, poler godt, del i små skåle og server som forret ved at drysse persille på toppen.

Ernæring (pr. 100 gram): 121 kalorier 4,3 g fedt 1,4 g kulhydrater 4,3 g protein 639 mg natrium

stegte grøntsager

Forberedelsestid: 10 minutter.

Spisetid: 10 minutter

Portioner: 8

Sværhedsgrad: Let

Indhold:

- 2 fed hvidløg, finthakket
- 2 gule løg finthakket
- 4 finthakkede forårsløg
- 2 revne gulerødder
- 2 tsk stødt spidskommen
- ½ tsk gurkemejepulver
- Salt og peber efter smag
- ¼ teskefuld malet koriander
- 2 spsk hakket persille
- ¼ tsk citronsaft
- ½ kop mandelmel
- 2 rødbeder, skrællet og revet
- 2 røræg
- ¼ kop tapiokamel
- 3 spiseskefulde olivenolie

Titler:

I en skål blandes hvidløget med andre ingredienser undtagen løg, forårsløg og olie, blandes godt og form mellemstore tern med denne blanding.

Varm panden op over medium-høj varme, læg kagerne ovenpå, steg 5 minutter på hver side, læg i en skål og server.

Ernæring (pr. 100 gram): 209 kalorier 11,2 g fedt 4,4 g kulhydrater 4,8 g protein 726 mg natrium

Lammefrikadeller med bulgur

Forberedelsestid: 10 minutter.

Spisetid: 15 minutter

Portioner: 6

Sværhedsgrad: Let

Indhold:

- 1 og ½ dl græsk yoghurt
- ½ tsk spidskommen, stødt
- 1 kop agurk, revet
- ½ tsk hakket hvidløg
- En knivspids salt og peber.
- 1 glas bulgur
- 2 glas vand
- 1 kilo lammekød, hakket
- ¼ kop hakket persille
- ¼ kop hakket skalotteløg
- ½ tsk allehånde, stødt
- ½ tsk stødt kanel
- 1 spsk olivenolie

Titler:

Bland bulgur med vand, luk låget på beholderen, lad det sidde i 10 minutter, si det og hæld det i en skål. Tilsæt kød, yoghurt og andre ingredienser undtagen olie, bland godt og form mellemstore frikadeller af denne blanding. Varm gryden op over middelhøj varme, læg frikadellerne ovenpå, steg 7 minutter på hver side, læg i en skål og server som forret.

Ernæring (pr. 100 gram): 300 kalorier 9,6 g fedt 22,6 g kulhydrater 6,6 g protein 644 mg natrium

agurkebid

Forberedelsestid: 10 minutter.

Spisetid: 0 minutter

Portioner: 12

Sværhedsgrad: Let

Indhold:

- 1 engelsk agurk, skåret i 32 skiver
- 10 ounce hummus
- 16 cherrytomater, halveret
- 1 spsk hakket persille
- 1 ounce fetaost, smuldret

Titler:

Fordel hummus på hver agurkecirkel, del tomathalvdele i hver, drys med ost og persille og server som forret.

Ernæring (pr. 100 gram): 162 kalorier 3,4 g fedt 6,4 g kulhydrater 2,4 g protein 702 mg natrium

fyldt avocado

Forberedelsestid: 10 minutter.

Spisetid: 0 minutter

Portioner: 2

Sværhedsgrad: Let

Indhold:

- 1 avocado skåret i halve og kerner fjernet
- 10 oz tun på dåse, drænet
- 2 spsk soltørrede tomater, hakkede
- 1 og ½ spsk basilikumpesto
- 2 spsk sorte oliven, udstenede og hakkede
- Salt og peber efter smag
- 2 tsk ristede og hakkede pinjekerner
- 1 spsk hakket basilikum

Titler:

Bland tun med andre ingredienser undtagen soltørrede tomater og avocado. Fyld halvdelen af avocadoen med tunblandingen og server som forret.

Ernæring (pr. 100 gram): 233 kalorier 9 g fedt 11,4 g kulhydrater 5,6 g protein 735 mg natrium

emballerede blommer

Forberedelsestid: 5 minutter.

Spisetid: 0 minutter

Portioner: 8

Sværhedsgrad: Let

Indhold:

- 2 ounce prosciutto, skåret i 16 stykker
- 4 blommer skåret i kvarte
- 1 spsk hakket purløg
- Et nip stødt rød peberflager

Titler:

Pak hver blommekvart ind i en skive skinke, læg på en tallerken, drys med grønne løg og røde peberflager, og server.

Ernæring (pr. 100 gram): 30 kalorier 1 g fedt 4 g kulhydrater 2 g protein 439 mg natrium

Marineret fetaost og artiskokker

tid til at forberede sig: 10 minutter plus 4 timers inaktivitet

Spisetid: 10 minutter

Portioner: 2

Sværhedsgrad: Let

Indhold:

- 4 ounce traditionel græsk fetaost, skåret i ½-tommers terninger
- 4 ounces drænede artiskokhjerter, delt i kvarte på langs
- 1/3 kop ekstra jomfru olivenolie
- Skal og saft af 1 citron
- 2 spsk grofthakket frisk rosmarin
- 2 spsk hakket frisk persille
- ½ tsk sort peber

Titler:

Bland fetaost og artiskokhjerter i en glasskål. Tilsæt olivenolie, citronskal og -saft, rosmarin, persille og sort peber og bland forsigtigt, pas på ikke at smuldre fetaosten.

Stil på køl i 4 timer eller op til 4 dage. Tag ud af køleskabet 30 minutter før servering.

Ernæring (pr. 100 gram): 235 kalorier 23 g fedt 1 g kulhydrat 4 g protein 714 mg natrium

tun kroketter

tid til at forberede sig: 40 minutter plus timer natten over for afkøling

Spisetid: 25 minutter

Portioner: 36

Sværhedsgrad: Hårdt

Indhold:

- 6 spiseskefulde ekstra jomfru olivenolie, plus 1-2 kopper
- 5 spsk mandelmel og 1 kop delt
- 1¼ kop tung fløde
- 1 dåse (4 oz.) gulfinnet tun pakket ind i olivenolie
- 1 spsk hakket rødløg
- 2 tsk hakkede kapers
- ½ tsk tørret dild
- ¼ tsk friskkværnet sort peber
- 2 store æg
- 1 kop panko brødkrummer (eller glutenfri version)

Titler:

Opvarm 6 spiseskefulde olivenolie i en stor stegepande over medium-lav varme. Tilsæt 5 spsk mandelmel og kog i 2-3 minutter under konstant omrøring, indtil der dannes en jævn pasta og melet er let brunet.

Øg varmen til medium-høj og tilsæt gradvist den tunge fløde, mens du pisk konstant, indtil den er helt glat og tyk, yderligere 4-5 minutter. Fjern og tilsæt tun, rødløg, kapers, dild og peber.

Placer blandingen i en 8-tommer firkantet bradepande godt belagt med olivenolie og stil til side ved stuetemperatur. Pakk ind og stil på køl i 4 timer eller op til natten over. Arranger tre skåle til at forme krokketten. Pisk æggene et efter et. Tilsæt det resterende mandelmel i den anden. I den tredje tilsættes pankoen. Beklæd en plade med bagepapir.

Kom en spiseskefuld af den kolde dej ned i melblandingen og rul den. Ryst det overskydende af og rul det til en oval form med hånden.

Dyp krokketten i det sammenpiskede æg, og beklæd derefter tyndt med panko. Læg den på en smurt bakke og gentag den samme proces med den resterende dej.

Opvarm de resterende 1-2 kopper olivenolie i en lille stegepande over medium-høj varme.

Når olien er varm steges krokketterne 3-4 gange afhængig af pandens størrelse, fjern dem med en hulske, når de bliver gyldenbrune. Du bliver nødt til at justere temperaturen på olien fra tid til anden for at forhindre forbrænding. Hvis dejen bruner for hurtigt, sænk temperaturen.

Ernæring (pr. 100 gram): 245 kalorier 22 g fedt 1 g kulhydrat 6 g protein 801 mg natrium

røget laks hamdite

Forberedelsestid: 10 minutter.

Spisetid: 15 minutter

Portioner: 4

Sværhedsgrad: Let

Indhold:

- 6 ounce røget vildlaks
- 2 spsk ristet hvidløgsaioli
- 1 spsk dijonsennep
- 1 spsk hakket purløg, kun grønne dele
- 2 tsk hakkede kapers
- ½ tsk tørret dild
- 4 endiviespyd eller salathjerter
- ½ engelsk agurk, skåret ¼ tomme tykke

Titler:

Skær den røgede laks i store tern og kom i en lille skål. Tilsæt aioli, Dijon, grønne løg, kapers og dild og bland godt. Pensl endivestilken og agurkeskiverne med en spiseskefuld af røget lakseblanding og spis koldt.

Ernæring (pr. 100 gram): 92 kalorier 5 g fedt 1 g kulhydrat 9 g protein 714 mg natrium

Oliven marineret med citrus

Forberedelsestid: 4 timer.

Spisetid: 0 minutter

Portioner: 2

Sværhedsgrad: Let

Indhold:

- 2 kopper udstenede blandede grønne oliven
- ¼ kop rødvinseddike
- ¼ kop ekstra jomfru olivenolie
- 4 fed finthakket hvidløg
- Skræl og saft af 1 stor appelsin
- 1 tsk rød peberflager
- 2 laurbærblade
- ½ tsk stødt spidskommen
- ½ tsk stødt allehånde

Titler:

Tilsæt oliven, eddike, olie, hvidløg, appelsinskal og saft, chilipeber, laurbærblad, spidskommen og allehånde og bland godt. Dæk til og stil på køl i 4 timer eller op til en uge for at lade oliven marinere og rør igen inden servering.

Ernæring (pr. 100 gram): 133 kalorier 14 g fedt 2 g kulhydrat 1 g protein 714 mg natrium

Oliven Tapenade ansjos

tid til at forberede sig: 1 time 10 minutter

Spisetid: 0 minutter

Portioner: 2

Sværhedsgrad: medium

Indhold:

- 2 kopper udstenede Kalamata oliven eller andre sorte oliven
- 2 finthakkede ansjosfileter
- 2 tsk hakkede kapers
- 1 fed hvidløg finthakket
- 1 kogt æggeblomme
- 1 tsk dijonsennep
- ¼ kop ekstra jomfru olivenolie
- Runde, alsidige snacks eller grøntsager til servering (valgfrit)

Titler:

Vask oliven med koldt vand og afdryp dem grundigt. Kom drænede oliven, ansjoser, kapers, hvidløg, æggeblommer og dijon i en foodprocessor, blender eller stor kande (hvis du bruger en stavblender). Form løbende en tyk pasta. Mens du arbejder, tilsæt langsomt olivenolien.

Læg i en lille skål, dæk til og stil på køl i mindst 1 time, så smagen kan udvikle sig. Server med frøkiks eller dine yndlings sprøde grøntsager på en alsidig rund sandwich.

Ernæring (pr. 100 gram): 179 kalorier 19 g fedt 2 g kulhydrat 2 g protein 82 mg natrium

Græske djævleæg

Forberedelsestid: 45 minutter.

Spisetid: 15 minutter

Portioner: 4

Sværhedsgrad: Let

Indhold:

- 4 store kogte æg
- 2 spsk ristet hvidløgsaioli
- ½ kop fint smuldret fetaost
- 8 Kalamata oliven, udstenede og hakkede
- 2 spsk hakkede soltørrede tomater
- 1 spsk hakket rødløg
- ½ tsk tørret dild
- ¼ tsk friskkværnet sort peber

Titler:

Skær de hårdkogte æg i halve på langs, fjern æggeblommerne, og læg æggeblommerne i en mellemstor skål. Skil halvdelen af æggehviderne fra hinanden og stil til side. Mos blommen grundigt med en gaffel. Tilsæt aioli, feta, oliven, soltørrede tomater, løg, dild og peber og blend til det er glat og cremet.

Hæld fyldet i halvdelen af hver æggehvide og stil det på køl, tildækket, i 30 minutter eller op til 24 timer.

Ernæring (pr. 100 gram): 147 kalorier 11 g fedt 6 g kulhydrater 9 g protein 736 mg natrium

La Mancha kiks

tid til at forberede sig: 1 time og 15 minutter

Spisetid: 15 minutter

Portioner: 20

Sværhedsgrad: Hårdt

Indhold:

- 4 spsk smør, ved stuetemperatur
- 1 kop fintrevet Manchego ost
- 1 kop mandelmel
- 1 tsk salt, delt
- ¼ tsk friskkværnet sort peber
- 1 stort æg

Titler:

Brug en elektrisk mixer til at piske smør og revet ost, indtil det er godt blandet. Bland mandelmelet med ½ tsk salt og peber. Tilsæt gradvist mandelmelblandingen til osten og rør konstant, indtil dejen danner en kugle.

Placer et stykke pergament eller plastfolie og rul til en cylindrisk træstamme, der er cirka 1,5 tommer tyk. Dæk godt til og frys i mindst 1 time. Forvarm ovnen til 350 ° F. Beklæd en 2. bageplade med bagepapir eller en silikonebageplade.

For at tilberede røræg, rør æg og resterende ½ tsk salt i. Skær den afkølede dej i små skiver, cirka ¼ tomme tykke, og læg den på en foret bageplade.

Pensl toppen af kiksene med æg og bag dem til kiksene er gyldenbrune og sprøde. Sæt på en rist til afkøling.

Serveres varm eller, hvis den er helt afkølet, opbevares i en lufttæt beholder i køleskabet i op til 1 uge.

Ernæring (pr. 100 gram): 243 kalorier 23 g fedt 1 g kulhydrat 8 g protein 804 mg natrium

Burrata Caprese stak

Forberedelsestid: 5 minutter.

Spisetid: 0 minutter

Portioner: 4

Sværhedsgrad: Let

Indhold:

- 1 stor økologisk tomat, gerne et arvestykke
- ½ tsk salt
- ¼ tsk friskkværnet sort peber
- 1 scoop (4 ounce) burrata ost
- 8 tynde skiver friske basilikumblade
- 2 spsk ekstra jomfru olivenolie
- 1 spsk rødvin eller balsamicoeddike

Titler:

Skær tomaterne i 4 tykke skiver, fjern den hårde kerne og drys med salt og peber. Læg tomaterne på en tallerken med krydret side opad. Skær burrataen i 4 tykke skiver på en separat plade, og læg en skive oven på hver tomatskive. Læg en fjerdedel af basilikum på hver og en ske med den reserverede burratacreme fra den kantede tallerken.

Server med en gaffel og kniv efter at have dryppet olivenolie og eddike på.

Ernæring (pr. 100 gram): 153 kalorier 13 g fedt 1 g kulhydrat 7 g protein 633 mg natrium

Ristet Zucchini Ricotta med Citron Hvidløg Aioli

tid til at forberede sig: 10 minutter plus 20 minutters hvile

Spisetid: 25 minutter

Portioner: 4

Sværhedsgrad: Hårdt

Indhold:

- 1 stor eller 2 små/mellem zucchini
- 1 tsk salt, delt
- ½ kop fuldfed ricottaost
- 2 forårsløg
- 1 stort æg
- 2 fed hvidløg finthakket
- 2 spsk hakket frisk mynte (valgfrit)
- 2 tsk citronskal
- ¼ tsk friskkværnet sort peber
- ½ kop mandelmel
- 1 tsk bagepulver
- 8 spsk ekstra jomfru olivenolie
- 8 spsk ristet hvidløgs-aioli eller avocadoolie-mayonnaise

Titler:

Læg den revne zucchini i et dørslag eller på flere lag køkkenrulle. Drys en halv teskefuld salt og lad det sidde i 10 minutter. Brug et andet stykke køkkenrulle, tryk og dup squashen tør for at frigøre overskydende fugt. Rør drænet zucchini, ricotta, grønt løg, æg, hvidløg, mynte (hvis du bruger), citronskal, resterende ½ tsk salt og sort peber i.

Bland mandelmel og bagepulver til det skum. Tilsæt melblandingen til zucchiniblandingen og lad den hvile i 10 minutter. Steg kagerne i en stor pande i fire omgange. For hver batch af fire opvarmes 2 spsk olivenolie over medium-høj varme. Tilsæt 1 dynger spiseskefuld græskarmasse pr. røræg og tryk med bagsiden af skeen for at danne 2 til 3-tommer røræg. Dæk til og steg i 2 minutter, inden du vender. Kog tildækket i yderligere 2-3 minutter, eller indtil de er sprøde, gyldenbrune og gennemstegte. Du skal muligvis reducere varmen til medium for at undgå forbrænding. Fjern fra panden og hold varm.

Gentag for de resterende tre partier, og brug 2 spiseskefulde olivenolie til hver batch. Server kagerne varme med aioli.

Ernæring (pr. 100 gram):448 kalorier 42 g fedt 2 g kulhydrat 8 g protein 744 mg natrium

Agurk fyldt med laks

Forberedelsestid: 10 minutter.

Spisetid: 0 minutter

Portioner: 4

Sværhedsgrad: Let

Indhold:

- 2 store agurker, skrællede
- 1 dåse (4 oz.) sockeye laks
- 1 meget moden mellemstor avocado
- 1 spsk ekstra jomfru olivenolie
- Skal og saft af 1 citron
- 3 spsk hakket frisk koriander
- ½ tsk salt
- ¼ tsk friskkværnet sort peber

Titler:

Skær agurken i 1-tommer tykke skiver, og brug en ske til at skrab frøene ud fra midten af hver skive og læg dem på en tallerken.

Kombiner laks, avocado, olivenolie, citronskal og -saft, koriander, salt og peber i en mellemstor skål, og rør til det er cremet.

Hæld lakseblandingen ind i midten af hver agurkedel og server kold.

Ernæring (pr. 100 gram): 159 kalorier 11 g fedt 3 g kulhydrat 9 g protein 739 mg natrium

Gedeost og makrelpasta

Forberedelsestid: 10 minutter.

Spisetid: 0 minutter

Portioner: 4

Sværhedsgrad: Let

Indhold:

- 4 oz vild makrel pakket ind i olivenolie
- 2 ounce gedeost
- Skal og saft af 1 citron
- 2 spsk hakket frisk persille
- 2 spsk hakket frisk rucola
- 1 spsk ekstra jomfru olivenolie
- 2 tsk hakkede kapers
- 1-2 tsk frisk peberrod (valgfrit)
- Kiks, skåret agurk, endive eller selleri til servering (valgfrit)

Titler:

I en foodprocessor, blender eller stor skål kombineres makrel, gedeost, citronskal og -saft, persille, rucola, olivenolie, kapers og peberrod (hvis du bruger). Bearbejd eller blend indtil glat og cremet.

Server med kiks, agurkeskiver, endivie eller selleri. Opbevares tildækket i køleskabet i op til 1 uge.

Ernæring (pr. 100 gram): 118 kalorier 8 g fedt 6 g kulhydrat 9 g protein 639 mg natrium

Smagen af middelhavsfedtbomber

tid til at forberede sig: 4 timer 15 minutter

Spisetid: 0 minutter

Portioner: 6

Sværhedsgrad: medium

Indhold:

- 1 kop smuldret gedeost
- 4 spsk krukke pesto
- 12 udstenede Kalamata-oliven, hakket
- ½ kop finthakkede valnødder
- 1 spsk hakket frisk rosmarin

Titler:

Kombiner gedeost, pesto og oliven i en mellemstor skål og bland godt med en gaffel. Frys i 4 timer for at hærde.

Brug dine hænder til at forme blandingen til 6 kugler på cirka ¾ tomme i diameter. Blandingen vil være klistret.

Læg valnødder og rosmarin i en lille skål og læg gedeostkuglerne i valnøddeblandingen. Opbevar fedtbomber i køleskabet i op til 1 uge eller i fryseren i op til 1 måned.

Ernæring (pr. 100 gram): 166 kalorier 15 g fedt 1 g kulhydrat 5 g protein 736 mg natrium

Avocado Gazpacho

Forberedelsestid: 15 minutter.

Spisetid: 10 minutter

Portioner: 4

Sværhedsgrad: Let

Indhold:

- 2 kopper hakkede tomater
- 2 store modne avocadoer, halveret og udstenet
- 1 stor agurk, skrællet og kernet
- 1 mellemstor peberfrugt (rød, orange eller gul), finthakket
- 1 kop fuldfed almindelig græsk yoghurt
- ¼ kop ekstra jomfru olivenolie
- ¼ kop hakket frisk koriander
- ¼ kop hakket grønt løg, kun grønne dele
- 2 spsk rødvinseddike
- Saft af 2 citroner eller 1 citron
- ½ til 1 tsk salt
- ¼ tsk friskkværnet sort peber

Titler:

Brug en blender til at kombinere tomater, avocado, agurk, peberfrugt, yoghurt, olivenolie, koriander, grønt løg, eddike og citronsaft. Bland indtil glat.

Krydr og rør for at kombinere smag. Serveres koldt.

Ernæring (pr. 100 gram): 392 kalorier 32 g fedt 9 g kulhydrater 6 g protein 694 mg natrium

krabbekage salat kopper

Forberedelsestid: 35 minutter.

Spisetid: 20 minutter

Portioner: 4

Sværhedsgrad: medium

Indhold:

- 1 kilo kæmpekrabbe
- 1 stort æg
- 6 spsk ristet hvidløgsaioli
- 2 spsk dijonsennep
- ½ kop mandelmel
- ¼ kop hakket rødløg
- 2 tsk røget paprika
- 1 tsk sellerisalt
- 1 tsk hvidløgspulver
- 1 tsk tørret dild (valgfrit)
- ½ tsk friskkværnet sort peber
- ¼ kop ekstra jomfru olivenolie
- 4 store Bibb-salatblade, tykke ryg fjernet

Titler:

Læg krabbekødet i en stor skål og fjern eventuelle synlige skaller, og riv derefter kødet med en gaffel. I en lille skål røres ægget, 2 spsk aioli og dijonsennep sammen. Tilsæt det til krabbekødet og bland med en gaffel. Tilsæt mandelmel, rødløg, paprika, sellerisalt, hvidløgspulver, dild (hvis du bruger), sort peber og bland godt. Lad det sidde ved stuetemperatur i 10-15 minutter.

Form til 8 cupcakes ca 2 inches i diameter. Varm olivenolien op ved middelhøj varme. Bag kagerne i 2-3 minutter på hver side, indtil de er gyldenbrune. Dæk til, reducer varmen til lav, og kog i yderligere 6-8 minutter, eller indtil den er sat i midten. Fjern fra panden.

Til servering skal du pakke 2 små krabbekager ind i hvert salatblad og top med 1 spsk aioli.

Ernæring (pr. 100 gram): 344 kalorier 24 g fedt 2 g kulhydrat 24 g protein 804 mg natrium

Estragon orange kylling salat emballage

Forberedelsestid: 15 minutter.

Spisetid: 0 minutter

Portioner: 4

Sværhedsgrad: Let

Indhold:

- ½ kop almindelig sødmælk græsk yoghurt
- 2 spsk dijonsennep
- 2 spsk ekstra jomfru olivenolie
- 2 spsk frisk estragon
- ½ tsk salt
- ¼ tsk friskkværnet sort peber
- 2 kopper kogt strimlet kylling
- ½ kop hakkede mandler
- 4-8 store Bibb-salatblade, stilke fjernet
- 2 små modne avocadoer, skrællet og skåret i tynde skiver
- Skræl af 1 clementin eller ½ lille appelsin (ca. 1 spsk)

Titler:

I en mellemstor skål kombineres yoghurt, sennep, olivenolie, estragon, appelsinskal, salt og peber og røres, indtil det er cremet. Tilsæt strimlet kyllingebryst og mandler og vend til belægning.

For at samle wrapsene skal du placere ca. ½ kop af kyllingesalatblandingen i midten af hvert salatblad og top med avocadoskiverne.

Ernæring (pr. 100 gram): 440 kalorier 32 g fedt 8 g kulhydrater 26 g protein 607 mg natrium

Svampe fyldt med fetaost og quinoa

Forberedelsestid: 5 minutter.

Spisetid: 8 minutter

Portioner: 6

Sværhedsgrad: medium

Indhold:

- 2 spsk finthakket rød peberfrugt
- 1 fed hakket hvidløg
- ¼ kop kogt quinoa
- 1/8 tsk salt
- ¼ tsk tørret timian
- 24 svampe, med stængler
- 2 ounce smuldret fetaost
- 3 spsk fuldkornsbrødkrummer
- olivenolie spray til madlavning

Titler:

Forvarm ovnen til 360°F. I en lille skål kombineres rød peber, hvidløg, quinoa, salt og timian. Hæld quinoafyldet i svampehætterne til de er fyldt. Læg et lille stykke fetaost oven på hver champignon. Drys en knivspids rasp over fetaosten over hver svamp.

Beklæd airfryer-kurven med madlavningsspray, og læg derefter forsigtigt svampene i kurven, og sørg for, at de ikke rører hinanden.

Sæt kurven i ovnen og bag i 8 minutter. Tag den ud af ovnen og server.

Ernæring (pr. 100 gram): 97 kalorier 4 g fedt 11 g kulhydrat 7 g protein 677 mg natrium

5-ingrediens falafel med hvidløg yoghurt sauce

Forberedelsestid: 5 minutter.

Spisetid: 15 minutter

Portioner: 4

Sværhedsgrad: Hårdt

Indhold:

- <u>til falafel</u>
- 1 dåse (15 oz.) kikærter, drænet og skyllet
- ½ kop frisk persille
- 2 fed hvidløg, finthakket
- ½ spsk stødt spidskommen
- 1 spsk fuldkornshvedemel
- Salt
- <u>Til hvidløg og yoghurt sauce</u>
- 1 kop fedtfri naturlig græsk yoghurt
- 1 fed hakket hvidløg
- 1 spsk hakket frisk dild
- 2 spsk citronsaft

Titler:

At lave falafel

Forvarm ovnen til 360°F. Kom kikærterne i foodprocessoren. Pisk, indtil det er næsten malet, tilsæt derefter persille, hvidløg og spidskommen og kog i endnu et minut, indtil ingredienserne tykner til en pasta.

Tilsæt melet. Puls et par gange mere indtil kombineret. Den får pastaens konsistens, men kikærterne skal skæres i små stykker. Form dejen med rene hænder til 8 kugler af samme størrelse, og dup kuglerne lidt ned for at danne halvtykke skiver.

Beklæd airfryer-kurven med madlavningsspray, og læg derefter falafelbøfferne i kurven i et enkelt lag, og pas på ikke at røre hinanden. Bages i ovnen i cirka 15 minutter.

For at forberede hvidløg og yoghurt sauce

Bland yoghurt, hvidløg, dild og citronsaft. Når falaflen er klar og flot brunet på alle sider, tages den ud af ovnen og smages til med salt. Server dipsaucen med den varme side opad.

Ernæring (pr. 100 gram): 151 kalorier 2 g fedt 10 g kulhydrat 12 g protein 698 mg natrium

Citronrejer med hvidløg og olivenolie

Forberedelsestid: 5 minutter

Spisetid: 6 minutter

Portioner: 4

Sværhedsgrad: medium

Indhold:

- 1 pund mellemstore rejer, renset og adskilt
- ¼ kop plus 2 spsk olivenolie, delt
- saft af ½ citron
- 3 fed hvidløg, hakket og delt
- ½ tsk salt
- ¼ tsk rød peberflager
- Citronskiver til servering (valgfrit)
- Marinara sauce til dypning (valgfrit)

Titler:

Forvarm ovnen til 380°F. Tilsæt rejerne med 2 spsk olivenolie, citronsaft, 1/3 hakket hvidløg, salt og rød peberflager og dæk godt til.

I en lille gryde kombineres resterende ¼ kop olivenolie og resterende hakket hvidløg. Riv et 12" x 12" (30 x 30 cm) ark aluminiumsfolie af. Placer rejerne i midten af folien, og fold derefter siderne og kanterne over for at skabe en folieskål med en åben top. Læg denne pakke i kogekurven.

Grill rejerne i 4 minutter, tænd derefter for frituregryden og læg olie- og hvidløgsramekins i kurven ved siden af rejepakken. Kog i yderligere 2 minutter. Læg rejerne på en tallerken eller et fad med hvidløg olivenolie på siden til dypning. Hvis det ønskes, kan den også serveres med citronringe og marinara sauce.

Ernæring (pr. 100 gram): 264 kalorier 21 g fedt 10 g kulhydrat 16 g protein 473 mg natrium

Sprøde grønne bønner med citronyoghurtsauce

Forberedelsestid: 5 minutter.

Spisetid: 5 min

Portioner: 4

Sværhedsgrad: medium

Indhold:

- Til grønne bønner
- 1 æg
- 2 spsk vand
- 1 spsk fuldkornshvedemel
- ¼ tsk rød peber
- ½ tsk hvidløgspulver
- ½ tsk salt
- ¼ kop fuldkornsbrødkrummer
- ½ pund hele grønne bønner
- Til citron- og yoghurtsaucen
- ½ kop fedtfri græsk yoghurt
- 1 spsk citronsaft
- ¼ tsk salt
- 1/8 tsk cayennepeber

Titel:

For at forberede grønne bønner

Forvarm ovnen til 380°F.

Pisk æg og vand i en medium, lav skål, indtil det er skummende. Rør mel, paprika, hvidløgspulver og salt sammen i en anden medium, lav skål, og rør derefter brødkrummerne i.

Beklæd bunden af ovnen med madlavningsspray. Dyp hver grønne bønne i æggeblandingen, derefter i brødkrummeblandingen, og beklæd ydersiden med krummerne. Arranger grønne bønner i et enkelt lag i bunden af airfryer-kurven.

Bag i ovnen i 5 minutter eller indtil brødkrummerne er gyldenbrune.

At lave citronyoghurtsauce

Tilsæt yoghurt, citronsaft, salt og rød peber og bland. Server fritterne med grønne bønner og citronyoghurtsauce som snack eller forret.

Ernæring (pr. 100 gram): 88 kalorier 2 g fedt 10 g kulhydrat 7 g protein 697 mg natrium

Hjemmelavede havsalt pita chips

Forberedelsestid: 2 minutter.

Spisetid: 8 minutter

Portioner: 2

Sværhedsgrad: Let

Indhold:

- 2 fuldkorns pitaer
- 1 spsk olivenolie
- ½ tsk kosher salt

Titler

Forvarm airfryeren til 360°F. Skær hver pita i 8 skiver. I en mellemstor skål, smid pitabrødskiver, olivenolie og salt, indtil skiverne er dækket, og olivenolie og salt er jævnt fordelt.

Læg pitabrødskiver i et jævnt lag i airfryer-kurven og steg i 6-8 minutter.

Tilsæt yderligere salt efter smag. Server alene eller med din yndlingssauce.

Ernæring (pr. 100 gram): 230 kalorier 8 g fedt 11 g kulhydrat 6 g protein 810 mg natrium

Stegt Spanakopita Sauce

Forberedelsestid: 10 minutter.

Spisetid: 15 minutter

Portioner: 2

Sværhedsgrad: medium

Indhold:

- olivenolie spray til madlavning
- 3 spsk olivenolie, delt
- 2 spsk finthakket hvidløg
- 2 fed hvidløg, finthakket
- 4 kopper frisk spinat
- 4 ounce flødeost, blødgjort
- 4 ounces fetaost, delt
- skal af 1 citron og
- ¼ tsk malet kokosnød
- 1 tsk tørret dild
- ½ tsk salt
- Pitachips, gulerodsstænger eller skiveskåret brød til servering (valgfrit)

Titler:

Forvarm airfryeren til 360°F. Beklæd indersiden af en 6-tommer pande med madlavningsspray.

Opvarm 1 spsk olivenolie i en stor stegepande over medium varme. Tilsæt løget og steg i 1 minut. Tilsæt hvidløg og steg under omrøring i 1 minut mere.

Reducer varmen og tilsæt spinat og vand og rør rundt. Kog indtil spinaten bliver blød. Fjern gryden fra komfuret. I en mellemstor skål kombineres flødeost, 2 ounce feta og resterende olivenolie, citronskal, muskatnød, dild og salt. Bland indtil kombineret.

Tilsæt grøntsagerne til ostebunden og bland. Hæld sauceblandingen i den forberedte gryde og top med de resterende 2 ounces fetaost.

Læg saucen i airfryer-kurven og kog i 10 minutter, eller indtil den er gennemvarmet og boblende. Server med pitachips, gulerødder eller skiveskåret brød.

Ernæring (pr. 100 gram):550 kalorier 52 g fedt 21 g kulhydrat 14 g protein 723 mg natrium

Ristet perleløgsauce

Forberedelsestid: 5 minutter.

Spisetid: 12 minutter plus 1 time til afkøling

Portioner: 4

Sværhedsgrad: medium

Indhold:

- 2 kopper pillede skalotteløg
- 3 fed hvidløg
- 3 spsk olivenolie, delt
- ½ tsk salt
- 1 kop fedtfri naturlig græsk yoghurt
- 1 spsk citronsaft
- ¼ tsk sort peber
- 1/8 tsk rød peberflager
- Pitachips, grøntsager eller toast til servering (valgfrit)

Titler:

Forvarm ovnen til 360°F. I en stor skål, smid skalotteløg og hvidløg med 2 spsk olivenolie, indtil løgene er godt dækket.

Hæld hvidløgs- og løgblandingen i airfryer-kurven og steg i 12 minutter. Kom hvidløg og løg i foodprocessoren. Vend grøntsagerne flere gange, indtil løget er hakket, men der er stadig et par stykker tilbage.

Tilsæt hvidløg og løg, den resterende spiseskefuld olivenolie, salt, yoghurt, citronsaft, sort peber og flager af rød peber. Afkøl i 1 time før servering med pita chips, grøntsager eller toast.

Ernæring (pr. 100 gram):150 kalorier 10 g fedt 6 g kulhydrat 7 g protein 693 mg natrium

Tapenade med rød peber

Forberedelsestid: 5 minutter.

Spisetid: 5 min

Portioner: 4

Sværhedsgrad: medium

Indhold:

- 1 stor rød peberfrugt
- 2 spsk plus 1 tsk olivenolie
- ½ kop Kalamata oliven, udstenede og hakkede
- 1 fed hakket hvidløg
- ½ tsk tørret timian
- 1 spsk citronsaft

Titler:

Forvarm ovnen til 380°F. Pensl ydersiden af en hel rød peberfrugt med 1 tsk olivenolie og læg den i airfryer-kurven. Grill i 5 minutter. I mellemtiden blandes de resterende 2 spsk olivenolie i en mellemstor skål med oliven, hvidløg, timian og citronsaft.

Tag den røde peberfrugt ud af ovnen, skær derefter forsigtigt stilkene af og fjern frøene. Skær den ristede peberfrugt i små stykker.

Tilsæt den røde peberfrugt til olivenblandingen og rør, indtil den er blandet. Server med pita-chips, kiks eller sprødt brød.

Ernæring (pr. 100 gram): 104 kalorier 10 g fedt 9 g kulhydrat 1 g protein 644 mg natrium

Græsk kartoffelskorpe med oliven og fetaost

Forberedelsestid: 5 minutter.

Spisetid: 45 minutter

Portioner: 4

Sværhedsgrad: Hårdt

Indhold:

- 2 rustne kartofler
- 3 spiseskefulde olivenolie
- 1 tsk kosher salt, delt
- ¼ tsk sort peber
- 2 spsk frisk koriander
- ¼ kop Kalamata oliven, hakket
- ¼ kop fetaost, smuldret
- hakket frisk persille til pynt (valgfrit)

Titler:

Forvarm ovnen til 380°F. Prik 2-3 huller i kartoflerne med en gaffel, pensl derefter med ½ spsk olivenolie og ½ tsk salt.

Læg kartoflerne i airfryer-kurven og kog i 30 minutter. Tag kartoflerne ud af ovnen og skær dem i halve. Brug en ske til at skrabe kødet af kartoflerne, efterlad et halvt centimeter lag kartoffel på skindet, og sæt til side.

I en mellemstor skål, smid halvdelen af kartoflerne med de resterende 2 spsk olivenolie, ½ tsk salt, sort peber og koriander. Bland godt. Fordel kartoffelfyldet over de i forvejen tomme kartoffelskaller og fordel jævnt over dem. Tilsæt en spiseskefuld oliven og fetaost på hver kartoffel.

Sæt de fyldte kartoffelskind tilbage i ovnen og bag dem i 15 minutter. Server med yderligere hakket koriander eller persille og et skvæt olivenolie, hvis det ønskes.

Ernæring (pr. 100 gram): 270 kalorier 13 g fedt 34 g kulhydrat 5 g protein 672 mg natrium

Pitabrød med artiskok og oliven

Forberedelsestid: 5 minutter.

Spisetid: 10 minutter

Portioner: 4

Sværhedsgrad: Let

Indhold:

- 2 fuldkorns pitaer
- 2 spsk olivenolie, delt
- 2 fed hvidløg, finthakket
- ¼ tsk salt
- ½ kop artiskokhjerter på dåse, skåret i skiver
- ¼ kop Kalamata oliven
- ¼ kop revet parmesanost
- ¼ kop fetaost, smuldret
- hakket frisk persille til pynt (valgfrit)

Titler:

Forvarm ovnen til 380°F. Pensl hver pita med 1 spsk olivenolie, og drys derefter med hakket hvidløg og salt.

Fordel artiskokhjerter, oliven og ost mellem to pitaer og bag dem i luftovnen i 10 minutter. Før servering fjernes pitaen og skæres i 4 stykker. Drys eventuelt persille på toppen.

Ernæring (pr. 100 gram):243 kalorier 15 g fedt 10 g kulhydrat 7 g protein 644 mg natrium

www.ingramcontent.com/pod-product-compliance
Lightning Source LLC
Chambersburg PA
CBHW071903110526
44591CB00011B/1534